基本の結び方とかんたんアクセサリー

はじめての水引細工

監修：小林 一夫
作品：荻原 加寿美

成美堂出版

水引の基本の結び方

本書に収録している作品は、水引細工がはじめてという方でも比較的簡単に結べる以下の10種類の結び方を基に、つくられています。結び方の名称は、地域や流派によって異なります。

蝶結び
▶p.10

こま結び
▶p.11

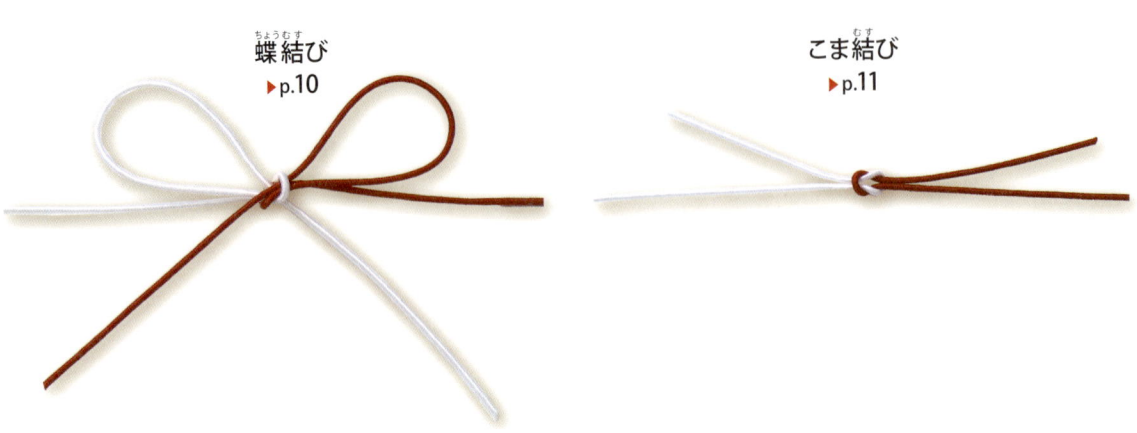

あわじ結び
▶p.12

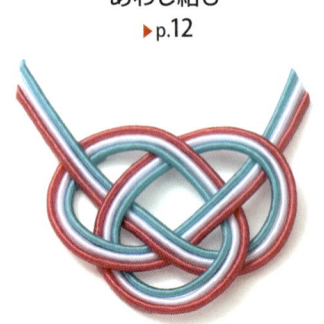

2組の水引で結ぶ、あわじ結び
▶p.16

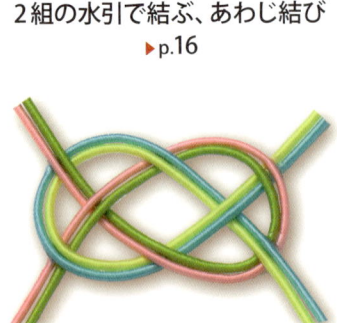

三つ編み
▶p.26

玉結び
▶p.18

梅結び
▶p.20

平梅結び
▶p.22

竹
▶p.24

四つ編み
▶p.27

目次

水引の基本の結び方 …………………… 2
はじめに …………………………………… 6

Part 1
道具の紹介と基本の結び方

必要な道具 …………………………………… 8
基本の結び方① 蝶結び …………………… 10
基本の結び方② こま結び ………………… 11
基本の結び方③ あわじ結び・その1〜1本で結ぶ〜 … 12
基本の結び方④ あわじ結び・その2〜複数本で結ぶ〜 … 14
基本の結び方⑤ 2組の水引で結ぶ、あわじ結び … 16
基本の結び方⑥ 玉結び …………………… 18
基本の結び方⑦ 梅結び …………………… 20
基本の結び方⑧ 平梅結び ………………… 22
基本の結び方⑨ 竹 ………………………… 24
基本の結び方⑩ 三つ編み＆四つ編み …… 26
ワンポイントアドバイス …………………… 28

Part 2
水引でつくるかんたんアクセサリー

小花のヘアピン …………………………… 32
バラのUピン ……………………………… 33
梅のUピン ………………………………… 35
三つ編みのイヤリング …………………… 36
三つ編み＆四つ編みのストラップ ……… 39
水引のバングル …………………………… 40
ハナミズキのヘアクリップ ……………… 44
花のヘアクリップ ………………………… 47
下がり小花のヘアクリップ ……………… 51
梅の帯留め ………………………………… 55
ト音記号の帯留め ………………………… 56
リボンのシューズクリップ ……………… 60
タッセル風バッグチャーム ……………… 62
星のハットピン …………………………… 64
UFOのタックピン ………………………… 66

Part 3
水引でつくるインテリア小物

ぶどうのワインボトル飾り … 72
水引のマドラー&グラスマーカー … 76
水引のタンポポとシロツメクサ … 80
熱帯魚のモビール … 82
あわじ結びのランプシェード … 86
水引のフラワーアレンジ … 90

Part 4
水引でつくる祝い袋とラッピング

カジュアルな祝儀袋 … 94
着物のポチ袋 … 97
バースデーカード … 102
蝶々のカード … 104
ギフトバッグ&ハートのカード … 106
十二支のポチ袋 … 109
桐箱ラッピング … 113

Part 5
水引でつくるクリスマス飾りとお正月飾り

水引のクリスマスオーナメント … 120
水引のクリスマスリース … 124
梅のランチョンマット … 127
祝い箸袋 … 128
もち花風かざり … 130
日本酒ボトル飾り … 131
梅と竹のお正月飾り … 132
鶴のお正月飾り … 134

フォーマルな祝儀袋をつくってみよう … 136
祝儀袋に結ぶ水引 … 137
フォーマルな祝儀袋Aのつくり方 … 138
フォーマルな祝儀袋Bのつくり方 … 140
現代に生きる伝統の水引細工 … 142

はじめに

　水引の歴史は古く、飛鳥時代までさかのぼると言われています。水引というと、祝儀袋や豪華な結納品、正月飾りなど、特別な日に使われるイメージが強いのではないでしょうか。婚礼の祝儀袋に結ばれた「松竹梅」や「鶴亀」等は目を見張るものがあり、まさに手先の器用な日本人ならではの造形美です。

　本書は、伝統の水引の結び方を基に、若いアーティストのセンスをふんだんに盛り込んだ新しい水引の世界を提案しています。ハレの日を飾るだけでなく、普段づかいのできる髪飾りやアクセサリー、ランプシェードやフラワーアレンジメントなどの現代風のインテリアまで、「こんなものまで水引でできるのか」という驚きとワクワクが詰まっています。一見むずかしそうに見える作品も、基本的な水引の手法を用いつつ、初心者の方でも作りやすいようにアレンジされています。落ち着いて手順の写真と解説を追っていけば、きっと素敵な作品ができあがることでしょう。

　かつて贈答品の水引は、結びの形や色にメッセージを託し、贈り手みずから心を込めて結んだものです。同時に、複雑に結ぶことにより、ほどいたら元に戻せないような鍵的な役目もありました。今では、そのような習慣も簡略化され、祝儀袋やのしに水引が印字されただけのものが大半となり、淋しい感があります。本書で水引の結び方をマスターしたら、大事な方への贈り物に水引を結んでみてください。贈られた方の喜びもひとしおでしょう。

　水引の美しい伝統色や結びの形には、まだまだ無限の可能性があると思います。本書をきっかけに、みなさまも自由に水引の創作を楽しんでいただければ幸いです。

小林一夫

Part 1
道具の紹介と基本の結び方

必要な道具

水引の種類

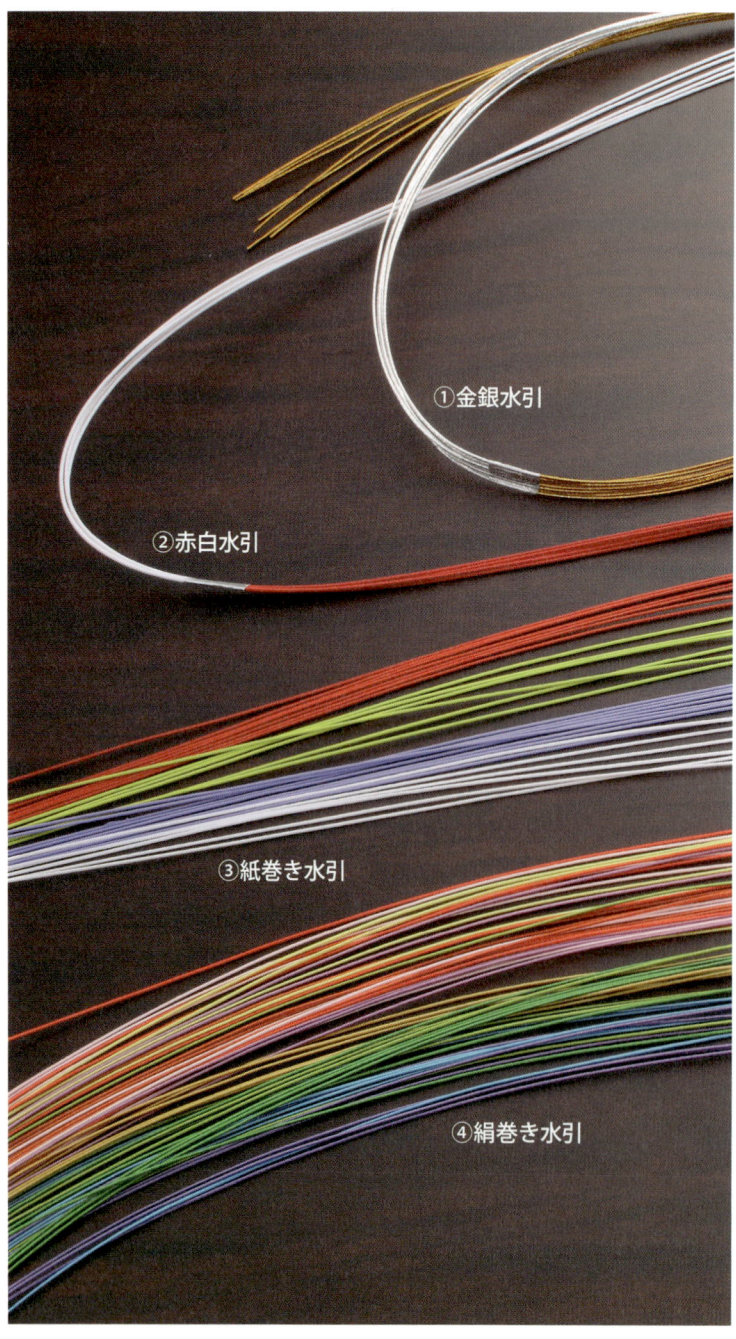

水引は、和紙でつくった紙芯に着色や飾り糸などで加工をほどこしたものです。本書では、おもに④の「絹巻き水引」を使用しています。扱いやすく、結び直すことができるので、初心者の方におすすめです。

①金銀水引
金銀の細い紙が巻いてあります。おもに結婚のお祝いで使用されます。

②赤白水引
赤白に染め分けた水引を中央で留めてあります。お正月や各種お祝いに使用されます。

③紙巻き水引
色水引と呼ばれ、さまざまな色に染められています。くせがつきやすいので、結び直しができません。

④絹巻き水引
細い繊維が巻かれています。発色も良く、色も豊富にあります。

水引の購入先

おりがみ会館
東京都文京区湯島1-7-14
Tel：03-3811-4025

紙館 島勇
長野県松本市大手2-4-25
Tel：0263-35-1000

ふるさと水引工芸館
http://mizuhiki-gekiyasu.com

水引屋 大橋丹治
http://www.oohashitanji.jp

楽天市場（「水引」で検索してください）
http://www.rakuten.co.jp

Amazon（「水引」で検索してください）
http://www.amazon.co.jp

※取り扱いの水引の種類や在庫の有無は、各店舗までお問い合せください

水引の準備

▶ 水引をまっすぐなままで使用するときや絹巻き水引を使用する場合は必要ありませんが、水引を結ぶ場合は、水引をしごいてから使うと結びやすくなります。

1 ハサミで水引を必要な長さに切ります。

2 右手の親指の腹で2〜3回右方向にしごきます。

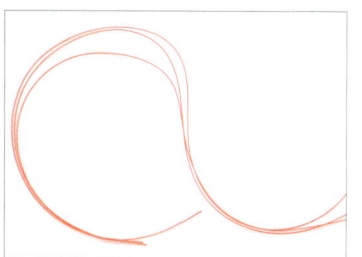

3 水引に丸みが出るので、結びやすくなります。

道具を揃えましょう

▶ 良く切れるハサミとヤットコ、定規があれば、すぐにでも始められます。水引細工に特有のちり棒は、すべての作品に使用するわけではありません。必要に応じて揃えると良いでしょう。

①カッターマット
②定規
③カッターナイフ
④ハサミ
⑤目打ち
水引に丸みをつけたり、結びやすくしたりと、揃えておくと便利です。
⑥ちり棒（▶p.28）
⑦着物クリップ
洗濯ばさみの溝にマスキングテープを巻いたものでも可。
⑧ラジオペンチ
⑨ヤットコ
水引をワイヤーで留めるときに使用します。

ヘアピン金具　ヘアクリップ　イヤリング金具
Uピン　ハットピン金具　ストラップ金具　ピアス金具　カツラ金具

◀ **アクセサリー用の主な金具**

水引細工をアクセサリー用の金具に取りつけると、オリジナルのアクセサリーができます。用途やお好みに合わせて、金具を選びましょう。

アクセサリー金具の購入先

貴和製作所
http://www.kiwaseisakujo.jp/

パーツクラブ
http://www.partsclub.jp/

※在庫の有無は各店舗までお問い合わせください

基本の結び方① 蝶結び
ちょうむすび

▶解説
簡単な「蝶結び」から練習しましょう。蝶結びは、結び目を解いて結び直せるので「何度あっても良い」一般祝事、お礼、などの贈答に用います。「花結び」とも呼ばれます。仏事や結婚祝いには使用しません。

▶材料　水引90cm×1本
※以下は、5本中付けの赤白水引を1本のみ引き抜いて使用しています。祝儀袋など正式なものを結ぶ場合、赤白水引や金銀水引などの中央で染め分けられた水引は、濃い色を右、薄い色を左にして結びます。

◆1本の水引で結んでみよう

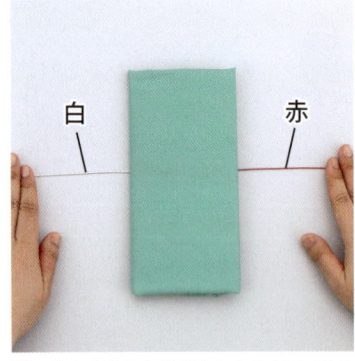

1 赤白水引を右側が赤になるように置きます。

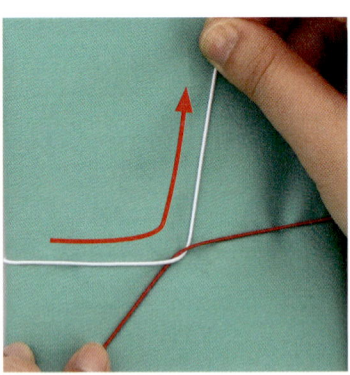

2 中央で交差させ、白を右上に引き上げます。

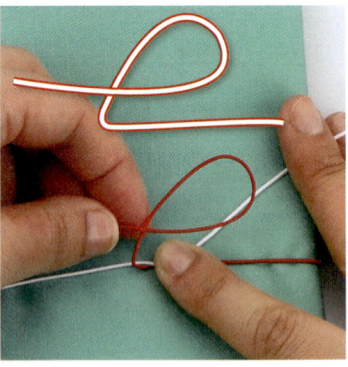

3 中央の交差した部分を押さえながら、赤いほうで輪を右側につくります。

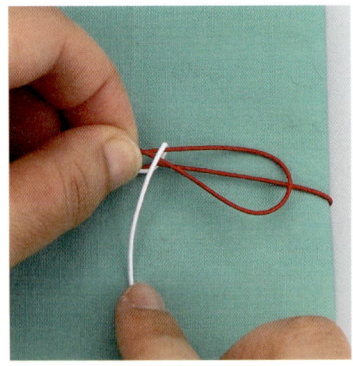

4 白を、赤の輪の上からおろします。

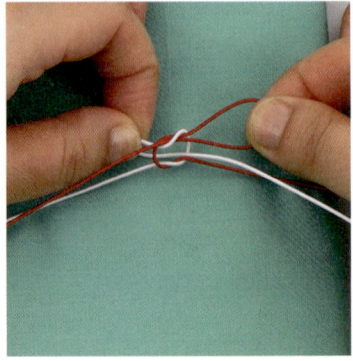

5 そのまま白を結び目の中に通して、左上に輪をつくります。

6 左右の輪の大きさを整えて、余った水引は、お好みの長さで切り揃えます。

基本の結び方②
こま結び

▶解説
「こま結び」は「結び切り」、「本結び」、「真結び」とも呼ばれます。結び目が固く結ばれて簡単に解けないことから、結婚祝い、仏事のように一度きりであってほしいことの場合に用います。

▶材料　水引90cm×1本
※以下は、5本中付けの赤白水引を1本のみ引き抜いて使用しています。祝儀袋など正式なものを結ぶ場合、赤白水引や金銀水引などの中央で染め分けられた水引は、濃い色を右、薄い色を左にして結びます。

1本の水引で結んでみよう

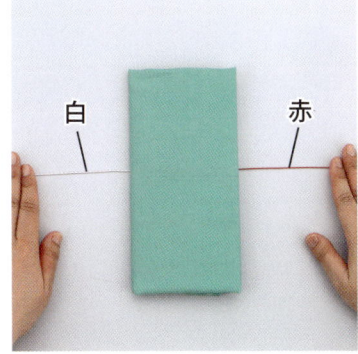

1 赤白水引を右側が赤になるように置きます。

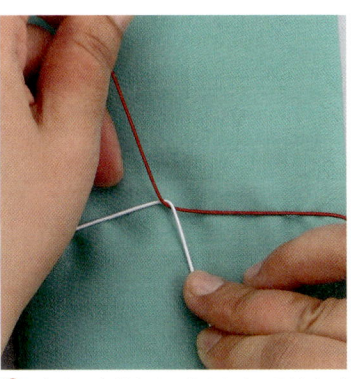

2 中央で交差させ、赤を左上に引き上げます。

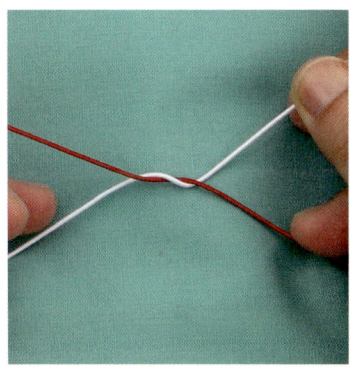

3 白を赤の下へくぐらせて引き締めます。

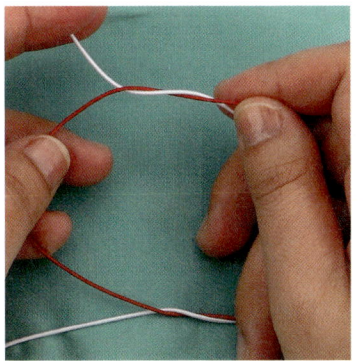

4 3で交差させた部分を押さえながら、白を赤の上から下へとくぐらせて結びます。

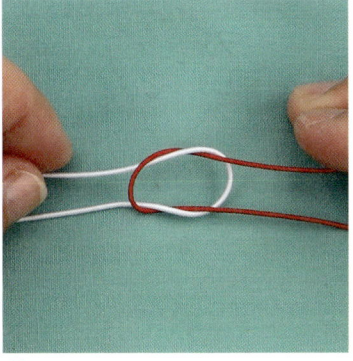

5 そのまま赤と白の両端をもって、引き締めます。

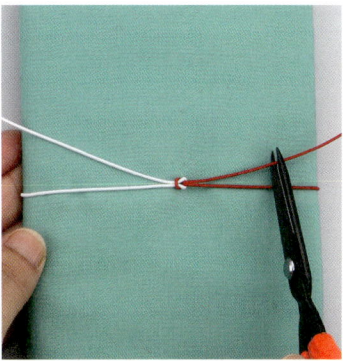

6 両端をバランス良く切り揃えます。

Part1　道具の紹介と基本の結び方

基本の結び方③
あわじ結び・その1 〜1本で結ぶ〜

▶**解説**
「こま結び(p.11)」と同様に、結び直しができない結び方なので、一度きりのお祝い(結婚祝や快気祝)や仏事用に用いられます。「鮑(あわび)結び」とも呼ばれます。本書の作品のほとんどが、この「あわじ結び」が基本となっています。しっかりマスターしましょう。

▶**材料** 水引30cm×1本

🎀 1本の水引で結んでみよう

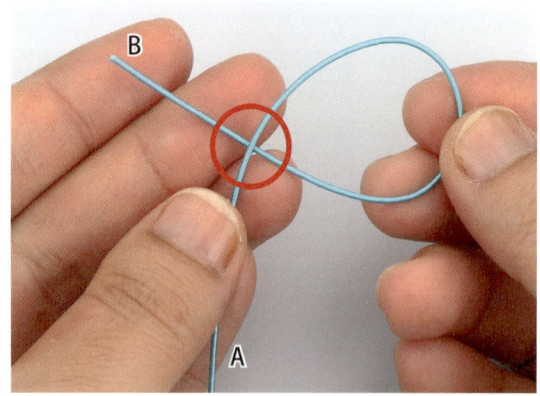

1 水引の端のほうで、AがBの上になるように、写真のように輪を1つつくります。

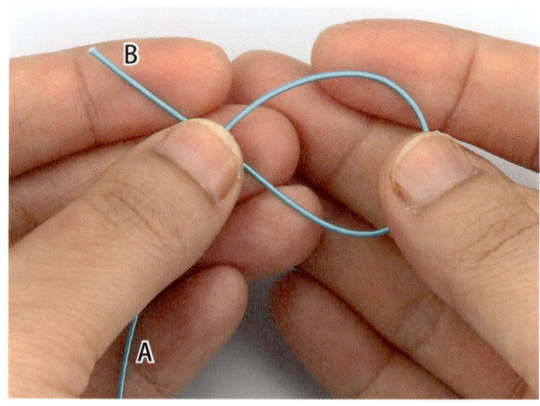

2 1の赤丸部分を親指で押さえます。

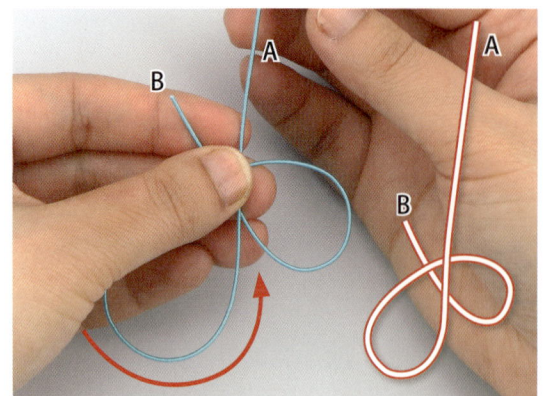

3 2のAを矢印の方向に回してもう1つ輪をつくり、1でつくった輪の上に写真のように重ねます。重ねた部分を親指で押さえます。

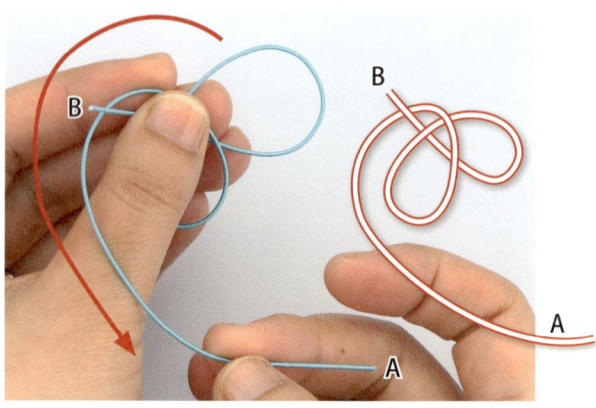

4 続けて、AをBの下に回します。

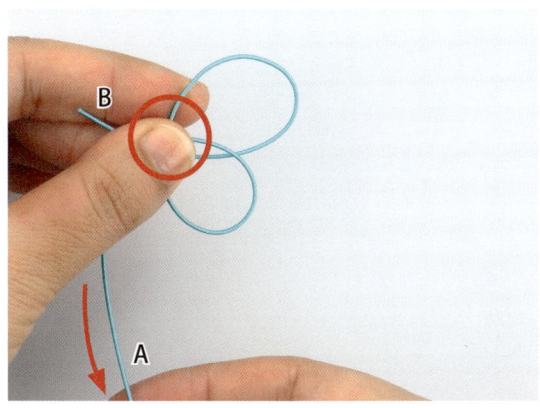

5 そのままAを引き締めて、赤丸部分を親指で押さえ直します。形がくずれないように気をつけましょう。

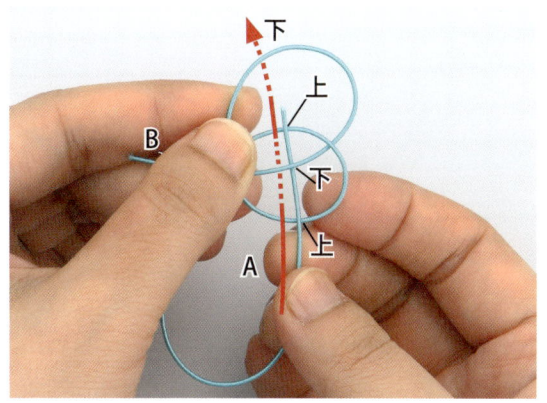

6 Aを1と3でつくった輪の中に**上→下→上→下**の順で通します。

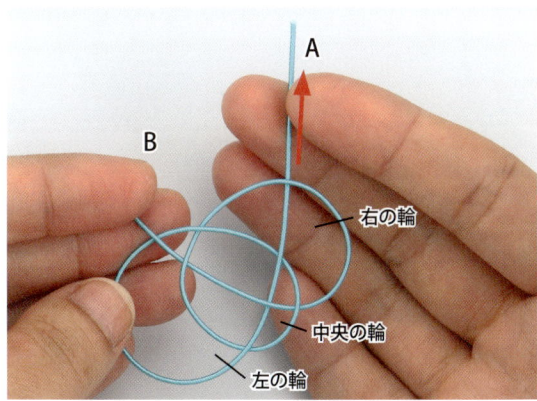

7 Aを引き締めます。輪が3つできました。

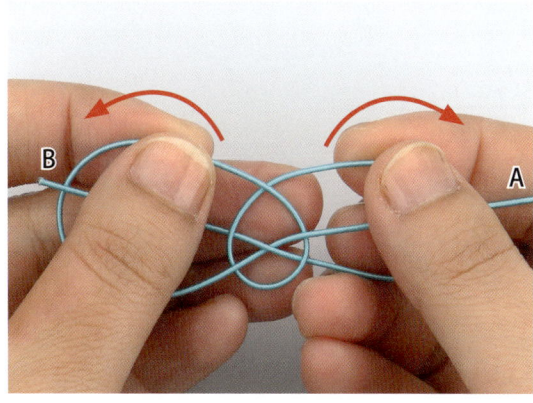

8 左右の輪を写真のように広げて、中央の輪の形を小さく整えます。

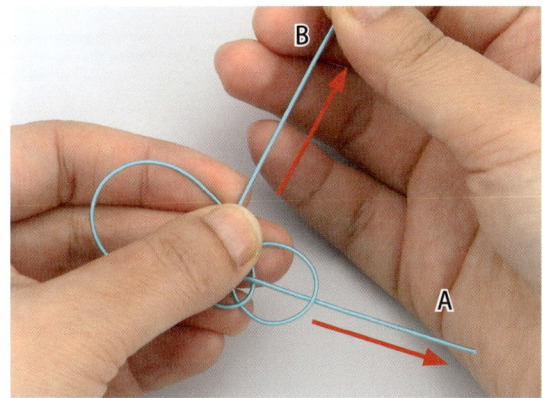

9 3つの輪の大きさが同じくらいになるように、A、Bをそれぞれ順番に引き締めて、大きさを調整していきます。

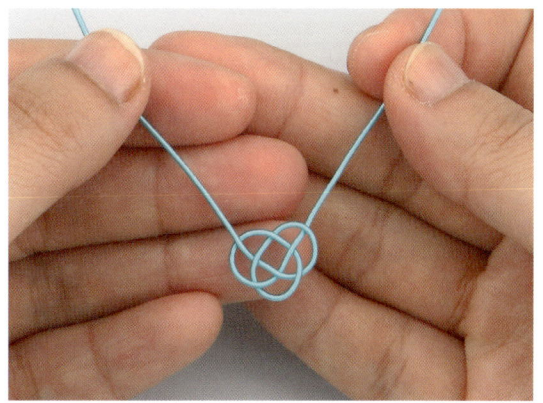

10 あわじ結びのできあがりです。

基本の結び方④
あわじ結び・その2 〜複数本で結ぶ〜

▶解説

基本の「あわじ結び(p.12)」をマスターしたら、複数本で結ぶ練習をしましょう。結び方は、基本のあわじ結びと同じですが、形を整えるコツがあります。初心者の方は、3本ぐらいから練習し、少しずつ本数を増やしていくと良いでしょう。

▶材料　水引45cm×3本(赤1・白1・青1)

— 3本の水引で結んでみよう —

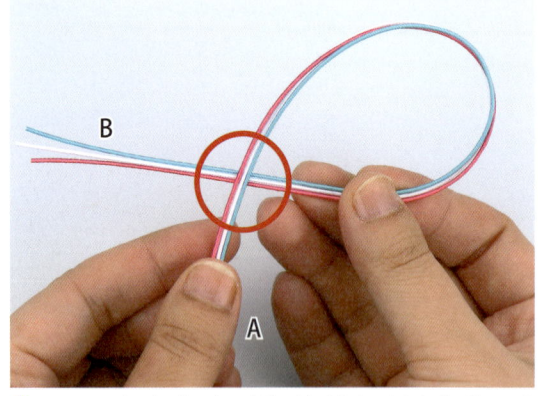

1 ここでは赤・白・青3本の水引で結びます。あわじ結び(▶p.12)と同様に、水引の端のほうで、AがBの上になるように輪を1つつくります。

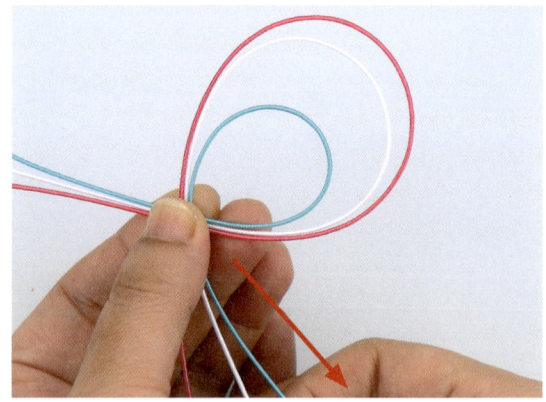

2 1の赤丸部分を親指で押さえます。内側の水引(青)を下に引いて、輪の大きさを調節します。

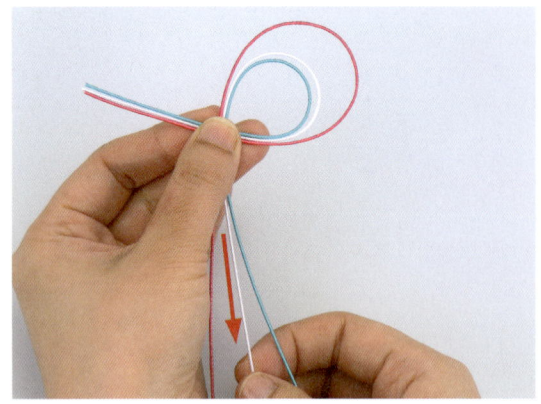

3 次に真ん中の水引(白)を下に引いて、輪を青よりも少し大きくします。

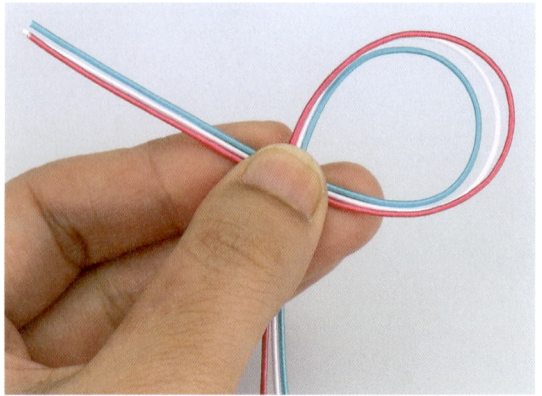

4 同様に、外側の水引(赤)を下に引いて、白よりも少し大きくします。

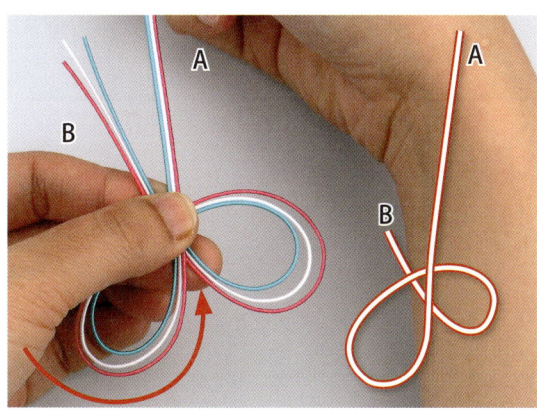

5 Aを矢印の方向に回してもう1つ輪をつくり、1でつくった輪の上に写真のように重ねます。重ねた部分を親指で押さえます。
2～4と同様に、内側（青）→真ん中（白）→外側（赤）の順で水引を引いて輪の大きさを揃えます。

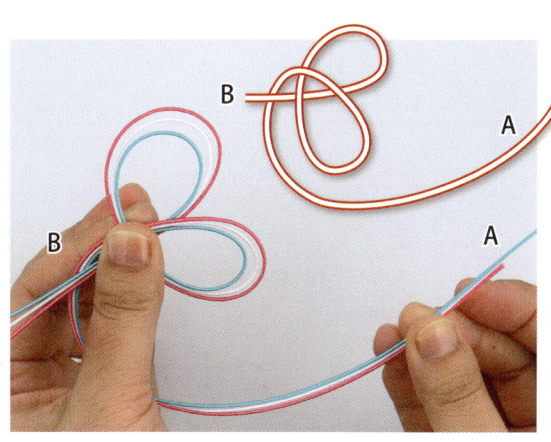

6 続けて、Aの3本をBの3本の下に回します。複数本で結ぶと、写真のようにAの3本の長さが揃いません。

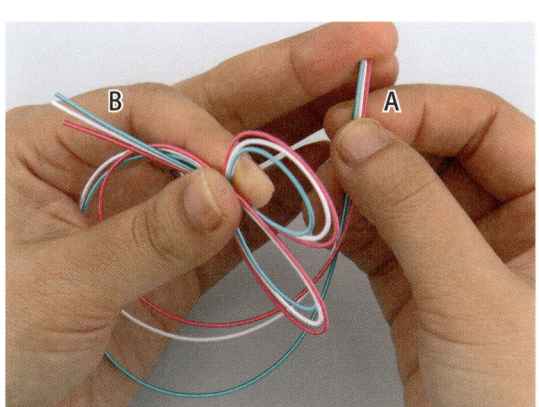

7 そこで、写真のようにAの先を揃えます。

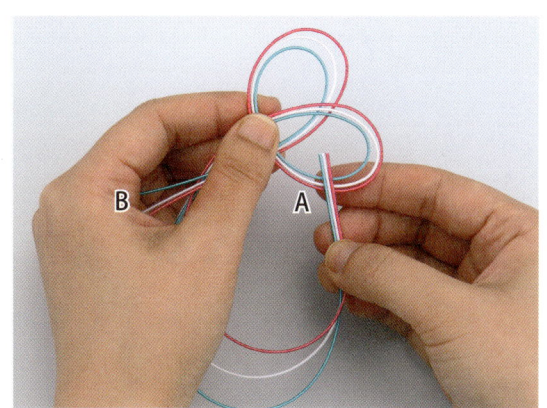

8 3本の先を揃えることで輪の中に通しやすくなります。

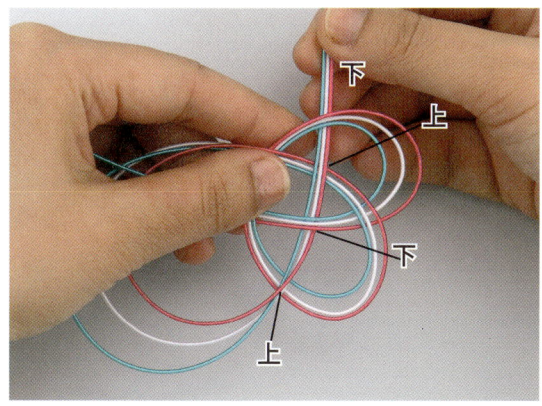

9 Aを4と5でつくった輪の中に上→下→上→下の順で通します。

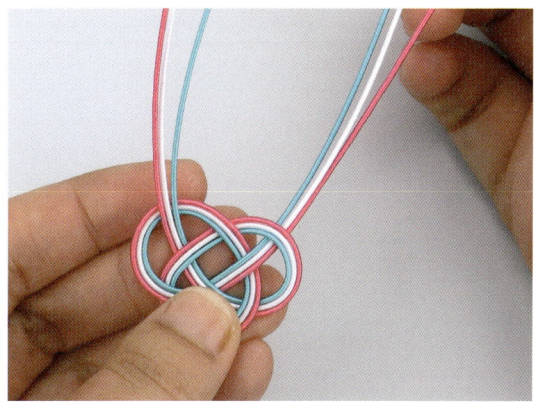

10 3つの輪の大きさを整えてできあがりです。3本が重ならず、平らに結べているか確認しましょう。水引の余りはお好みで切り揃えます。

基本の結び方⑤
2組の水引で結ぶ、あわじ結(むす)び

▶ 解説
水引を左右2組に分けて結ぶ、あわじ結びです。本書では、蝶々などの小さな作品や、ランプシェードのような立体的な作品に仕上げています。

▶ 材料　2本の水引で結ぶ場合：
水引30cm×2本(白1・ピンク1)
4本の水引で結ぶ場合：
水引30cm×4本(ピンク1・黄緑1・黄色1・水色1)

🪢 2本の水引で結んでみよう

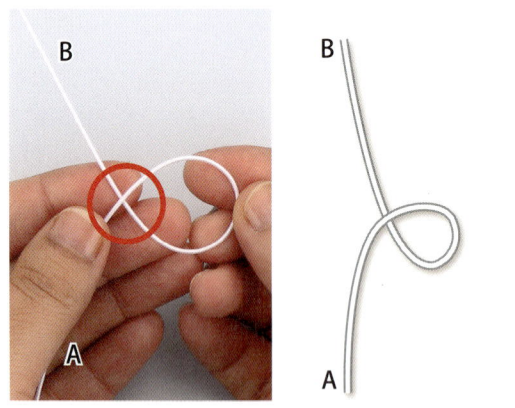

1 ここでは白・ピンク2本の水引で結びます。白い水引の真ん中で、**A**が**B**の上になるように輪を1つつくります。

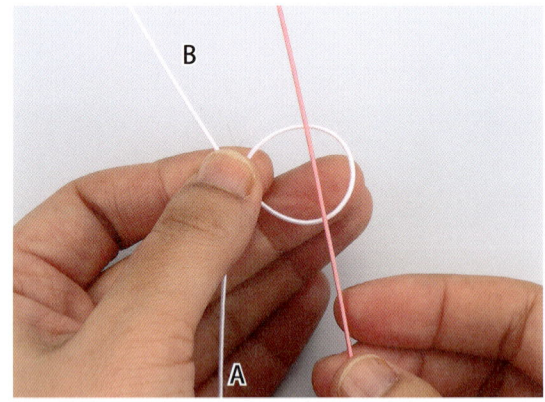

2 1の赤丸部分を親指で押さえ、ピンクの水引を輪の上に重ねます。

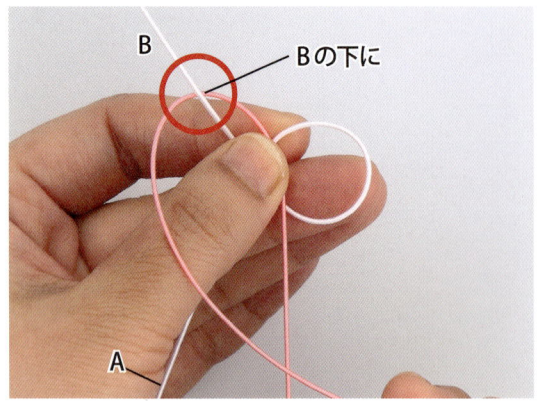

3 白の水引の輪と、ピンクの水引を親指でしっかり押さえ、ピンクの水引を**B**の下に回します。

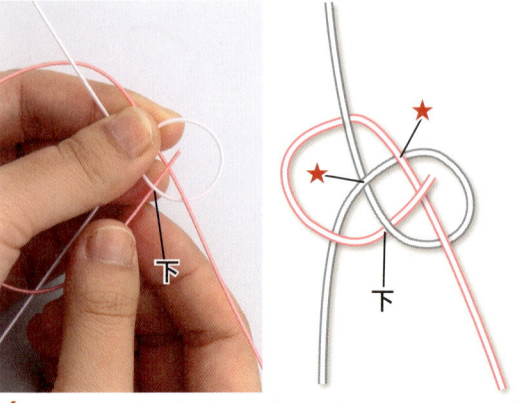

4 1でつくった白い輪の中に、ピンクの水引を**下**から通し、★部分の2箇所を親指で押さえ直します。

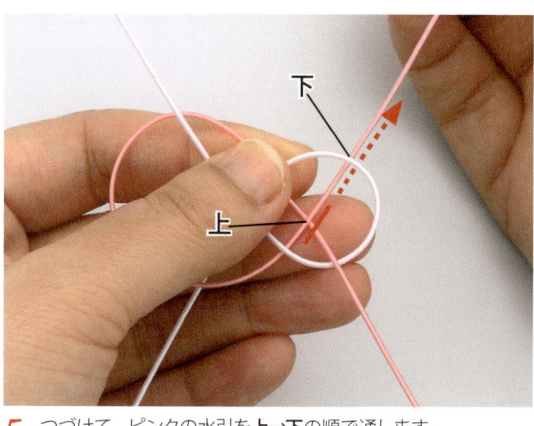

5 つづけて、ピンクの水引を**上→下**の順で通します。

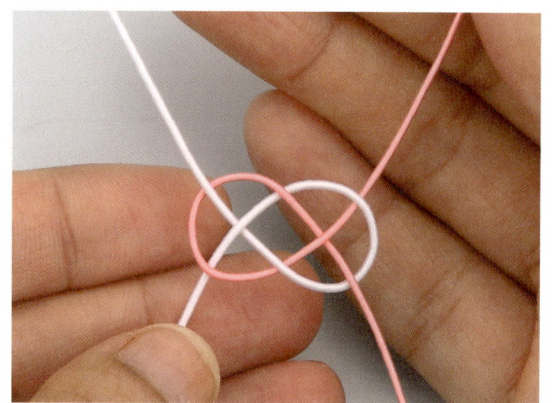

6 水引を引き締めて形を整えたら、できあがりです。

4本の水引で結んでみよう

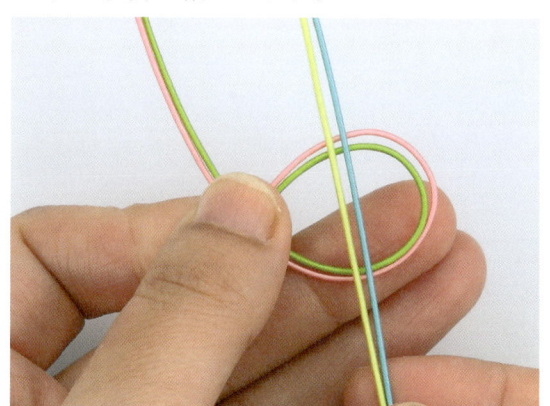

1 複数本で結ぶ場合も、結び方は同じです。ここでは左右2本ずつ、計4本で結んでいます。

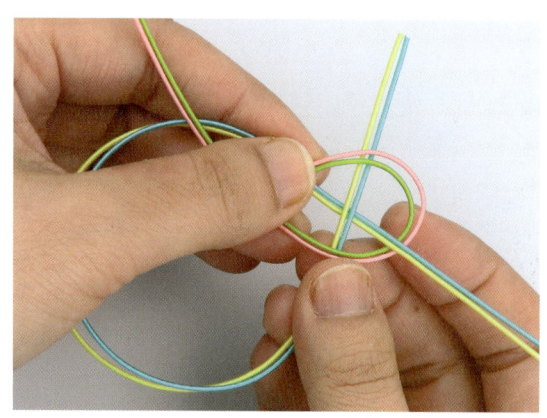

2 水引の先を揃えると、輪の中に通しやすくなります。

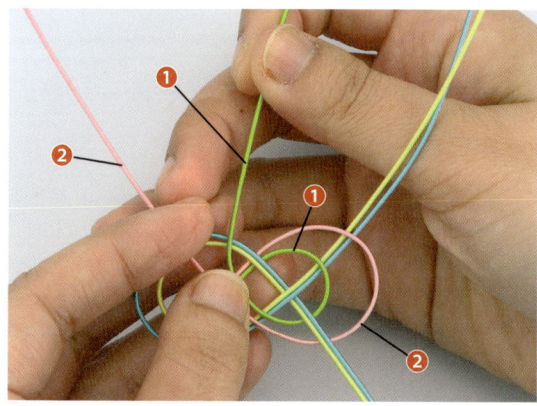

3 輪の大きさを調整するときは、**❶内側→❷外側**の順に水引を引いて大きさを揃えます。

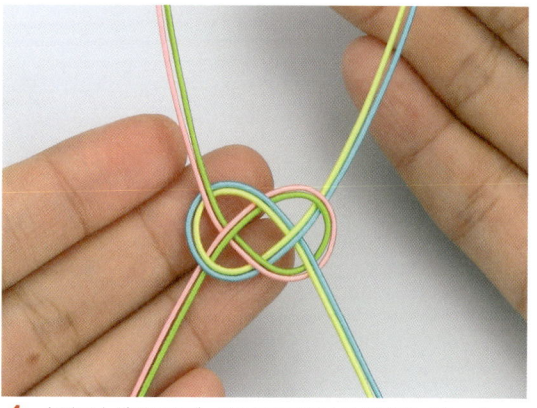

4 水引同士が重ならず、平らに結べているか確認しましょう。

基本の結び方⑥
玉結び

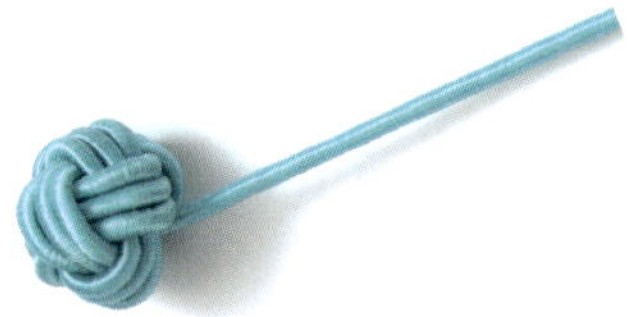

▶解説
ころんとかわいい「玉結び」。「まる結び」とも呼ばれます。1本で結ぶあわじ結びをつくり、そのあわじ結びに添うように水引を通していくと次第に球形になっていきます。ここでは3重に通して1cmほどの小さな玉をつくってみましょう。

▶材料　水引45cm×1本

🎀 3重の玉結びを結んでみよう

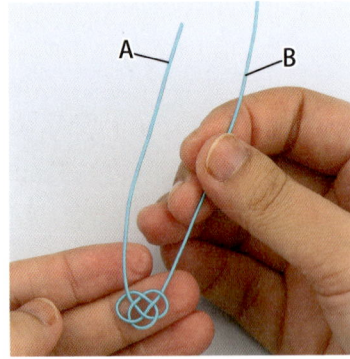

1 左端Aを10cmほど残して、あわじ結び（▶p.12）を結びます。

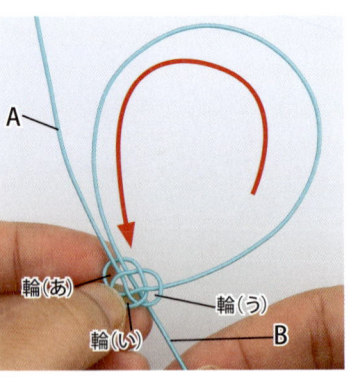

2 Aの内側を通るように、Bをあわじ結びの輪(あ)の中に通します。

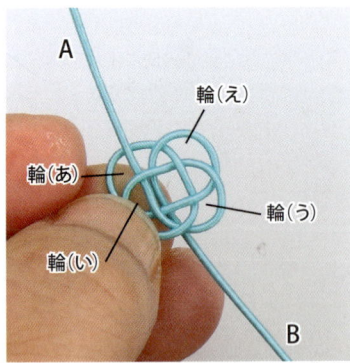

3 Bを引き締めると、輪(え)ができます。

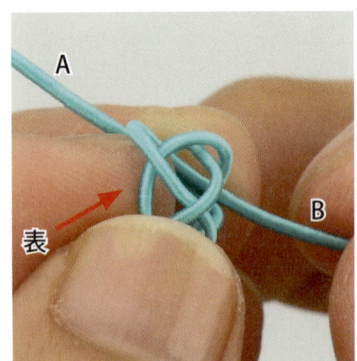

4 小指の先で、3の表側の4つの輪を押して、半球状になるように丸みをつけてへこませます。この段階で丸みをしっかりつけておくと失敗しにくいです。

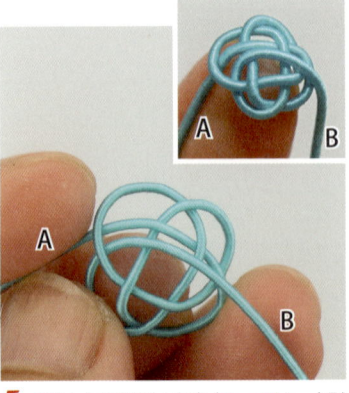

5 4を上から見ています（5〜12は、水引を通す場所が分かるように、ゆるめに結んでいますが、実際は右上写真のように丸みを保ち、きつめに結びます）。

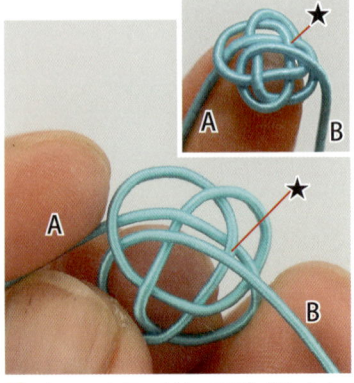

6 次に、Bを図の(★)の下側に通します（7参照）。

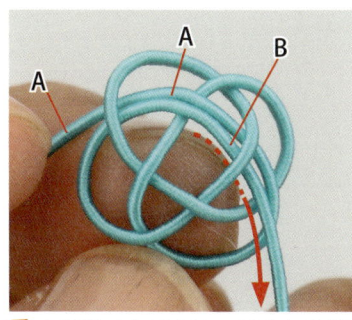

7 Bを通したところです。このとき、BがAの内側を通るようにしましょう。

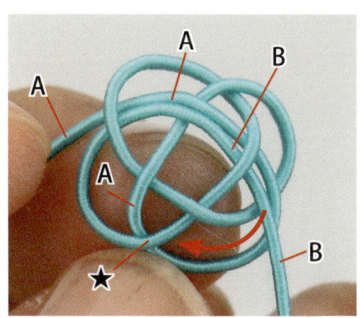

8 次に、BをAの内側に添わすように、図の(★)の下側に通します(9参照)。

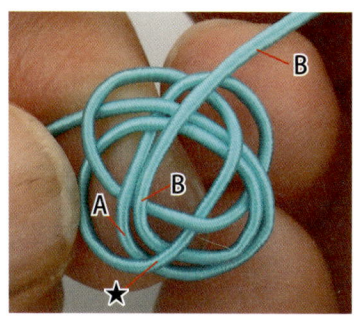

9 Bを通したところです。

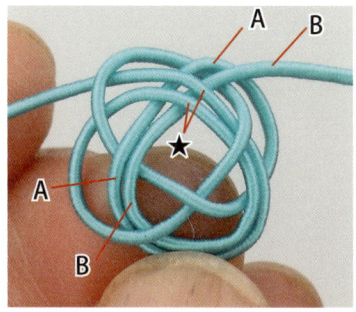

10 同様に、BをAの内側に添わすように、図の(★)の下側に通します。

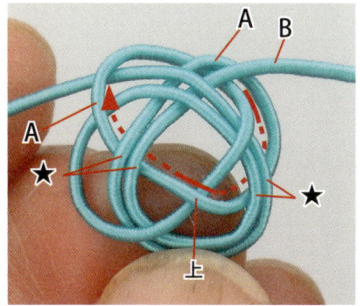

11 Bを図の(★)の下側に通し、矢印の方向に通していきます(12参照)。

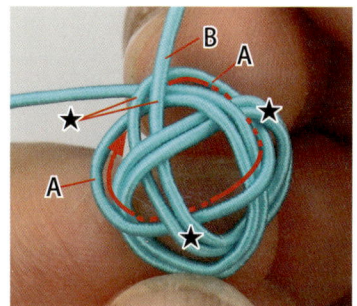

12 Bを図の(★)の下側に通し、矢印の方向に通すと全体が2重になります。

13 全体的に2重に通し終えたところです。同じ要領で、全体に3重になるように通していきます。

14 途中で水引を通しにくくなったら、目打ちで通り道をつくります。

15 全体的に3重に通したところです。

16 通し終わりは、5mmほど残してハサミでカットします。

17 結び目の下に隠れるように、カットした部分を押し込みます。

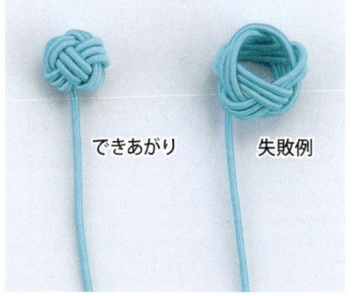

18 左の例のように玉状になれば成功です。丸みを意識せずにゆったり結ぶと、右のように広がってしまうので注意してください。

基本の結び方⑦
梅結び

▶ **解説**

5枚花弁の梅結びを、まずは1本の水引で練習してみましょう。1本で結び方をマスターしたら、次は3本の水引で立体的な梅結びを練習しましょう。

▶ **材料**　1本の水引で結ぶ場合：
　　　　　水引45cm×1本
　　　　　立体的な梅結びの場合：
　　　　　水引45cm×3本(金1・白2)
　　　　ワイヤー（28号）

❀ 1本の水引で結んでみよう

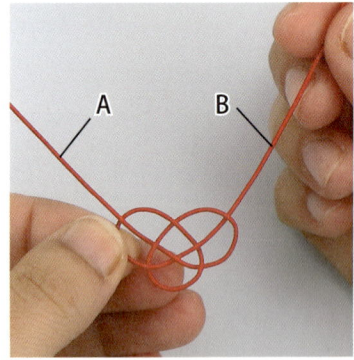

1 水引の真ん中に、あわじ結び（▶p.12）を結びます。

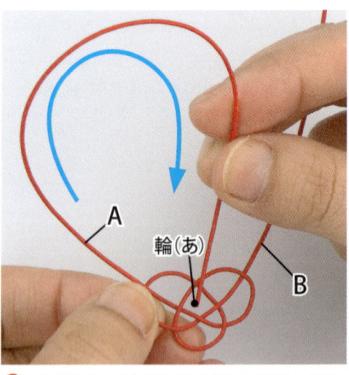

2 Aをあわじ結びの**輪（あ）**の部分に通します。

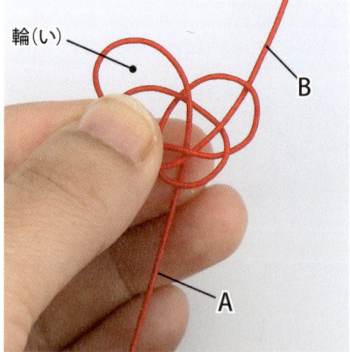

3 Aを通したところです。**輪（い）**が花弁の形になるように、引き締めすぎないようにします。

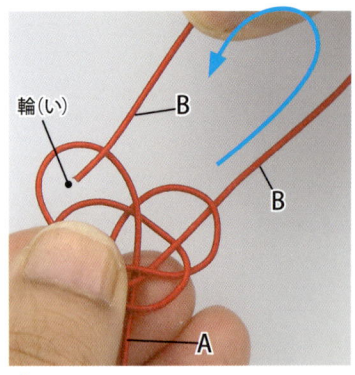

4 次にBを**3**でつくった**輪（い）**の中に通します。

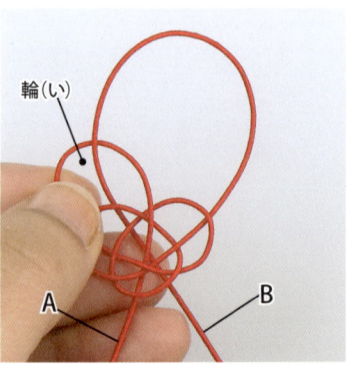

5 後ろでAと交差するように通します。

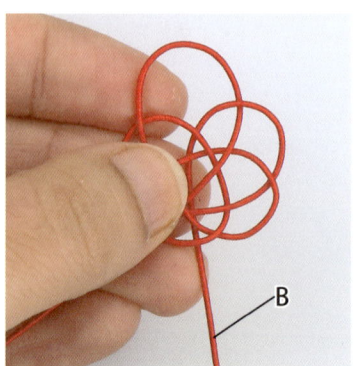

6 Bを引き締めると、5枚めの花弁ができます。

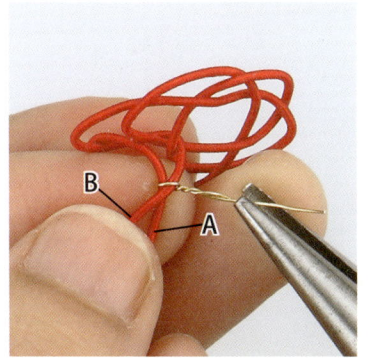

7 花弁の大きさと形を整えましょう。

8 AとBを花の後ろでワイヤーをねじって留めます。

9 梅結びのできあがりです。

水引の本数を増やすと、より梅の花らしくなります。

立体的な梅結びを結んでみよう

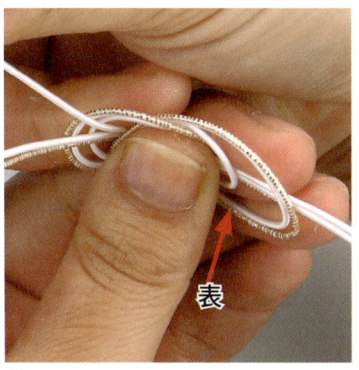

1 水引の真ん中に、3本のあわじ結び（▶p.14）を結びます。

2 あわじ結びの表側の中心を親指でくぼませながら、輪の大きさを整えます。**内側→外側**の順に水引を引いて大きさを揃えます。

3 1本で結ぶときと結び方は同じです。水引の先を揃えると、輪の中に通しやすくなります。

4 花弁の大きさと形を整えましょう。

5 最後に花弁の中心をくぼませて、花弁のカーブを調整します。

6 余った水引は、花の後ろでワイヤーをねじって留めます。

基本の結び方⑧
平梅結び
（ひらうめむすび）

▶解説
梅結びよりも花弁が平たい、平梅結び。本書では、祝儀袋や箸袋の飾りにしています（p.94、129）。平梅結びも3本ぐらいから練習し、少しずつ本数を増やしていくと良いでしょう。

▶材料　水引90cm×3本（赤1・白1・ピンク1）

❦ 3本の水引で結んでみよう

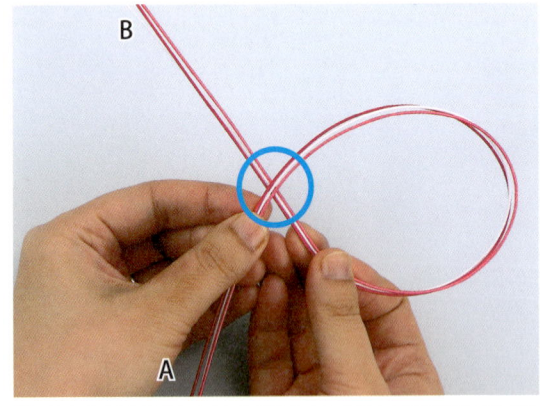

1 3本の水引の真ん中で、AがBの上になるように輪を1つつくります。あわじ結び（▶p.14）と同様に、3本の水引が重ならないように輪を整えます。

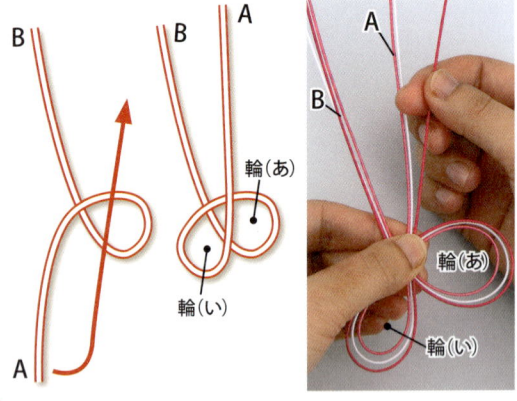

2 Aを矢印の方向に回してもう1つ輪をつくり、1でつくった**輪（あ）**の上に写真のように重ねます。重ねた部分を親指で押さえて、**輪（い）**を整えます。

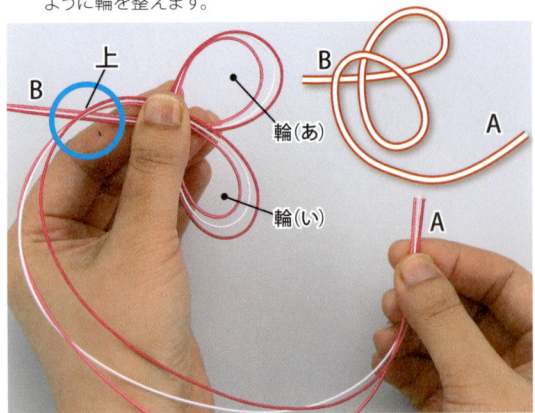

3 Aの3本を2つの輪の手前に回します。あわじ結びのときと違ってBの下には通しません。

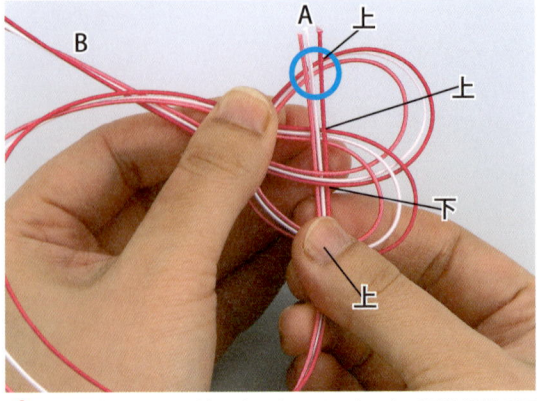

4 Aの3本を、2つの輪の中に**上→下→上→上**（最後は輪の下にくぐらせません）の順で通します。

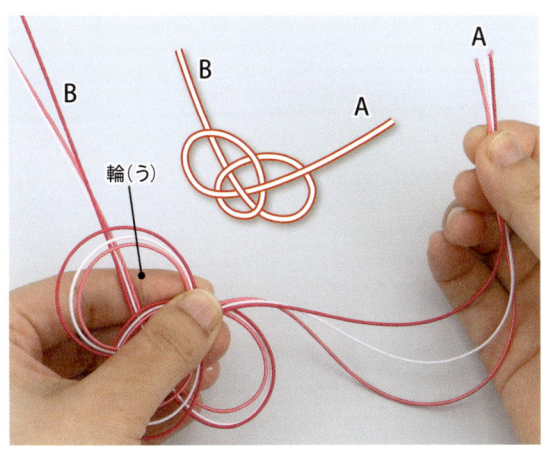

5 3つめの**輪(う)**ができます。**輪(う)**を水引が重ならないように輪を整えます。

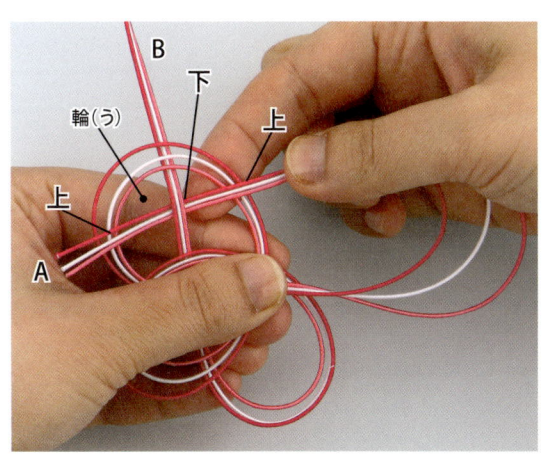

6 **A**の3本を**輪(う)**の中に**上→下→上**の順で通します。

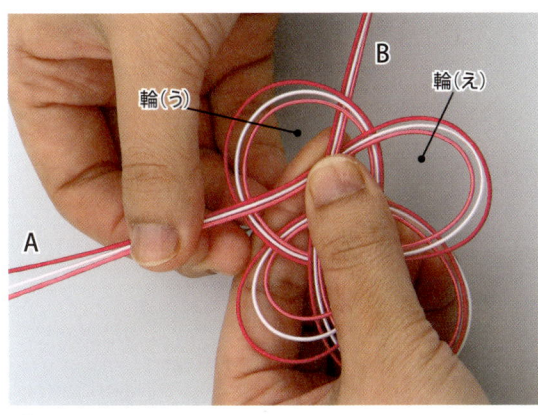

7 **A**を引き締めると4つめの**輪(え)**ができます。次に、全体を90度時計回りに向きを変えます(*8*参照)。

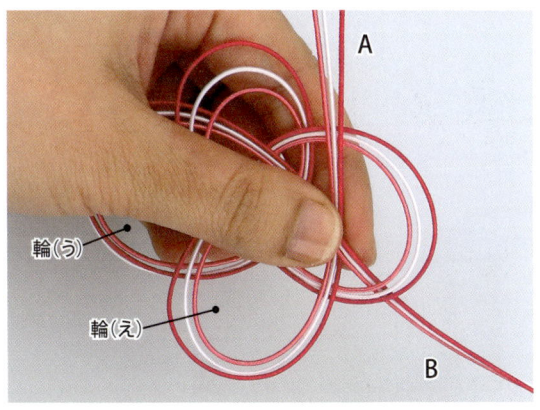

8 *7*の向きを変えたところです。次は、**B**を**輪(え)**と**輪(う)**の中に通していきます。

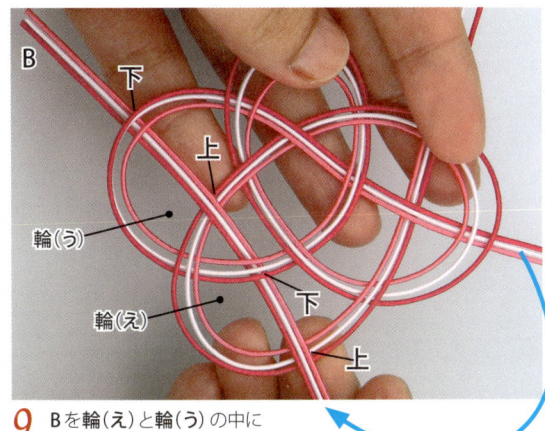

9 **B**を**輪(え)**と**輪(う)**の中に**上→下→上→下**の順で通します。

10 **B**を引き締めると**輪(お)**ができます。5つの輪の大きさを揃えて全体の形を整えましょう。

基本の結び方⑨
竹（たけ）

▶**解説**
竹は、水引を結ぶのではなく、水引をワイヤーで束ねたものを葉っぱ型に成形してまとめます。梅結びでつくった梅と合わせれば、お正月飾りになります。

▶**材料** 水引12cm×9本
ワイヤー（28号）

❧ 竹の葉をつくる

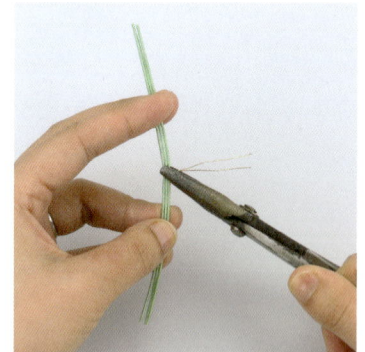

1 12cmの水引を3本まとめて、真ん中をワイヤーで留めます。ワイヤーで留めた水引をヤットコで平たく押さえます。

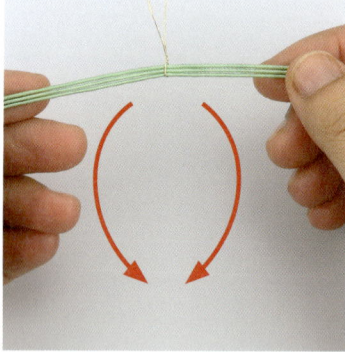

2 ワイヤーで留めた部分を中心に、半分に曲げます。

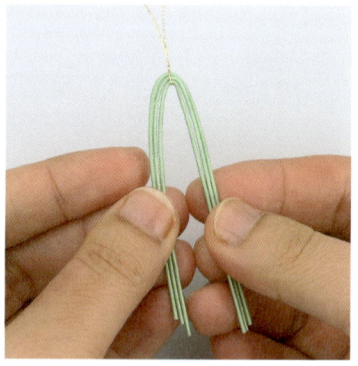

3 半分に曲げたところ。

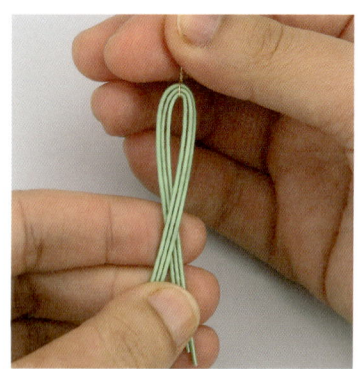

4 水引の先は図のように交差させます。

5 ワイヤーで留めた部分をヤットコで押さえながら、交差させた部分を指で引っ張り、形を整えます。

6 交差させた部分をワイヤーで留め、ヤットコで水引を平たく押さえます。

Part1 道具の紹介と基本の結び方

7 ワイヤーの余りは、3mmほど残してカットします。

8 カットした部分は、表から見えないように裏側に折り曲げて、ヤットコで押さえます。

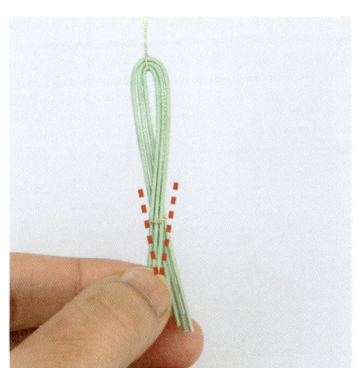

9 竹の葉の先をとがらせるように、赤線部分を斜めにカットします。

10 切っているところ。

11 反対側も同じようにカットします。葉が1枚できました。

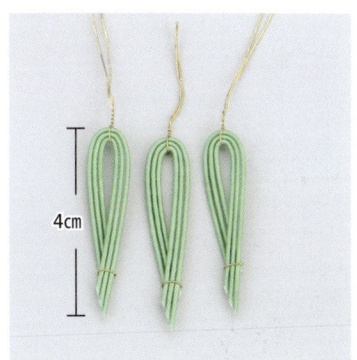

12 同様に、3枚つくります。

竹の葉をまとめる

1 真ん中の葉が上になるように、3枚の葉をバランス良く、写真のようにまとめます。

2 3枚の葉のワイヤーをまとめてねじって留めます。

3 竹の葉のできあがり。

基本の結び方⑩
三つ編み＆四つ編み

▶**解説**
水引は、結ぶだけでなく編むこともできます。まずは、三つ編みから練習してみましょう。四つ編みも、はじめは難しく感じるかもしれませんが、三つ編み同様、同じことの繰り返しなので、挑戦してみてください。

▶**材料**　三つ編みの場合：
　　　　　水引30cm×9本（グレー1・ピンク8）
　　　　四つ編みの場合：
　　　　　水引30cm×4本（青1・ピンク1・黄緑1・紫1）
　　　　ワイヤー（28号）

三つ編みを編んでみよう

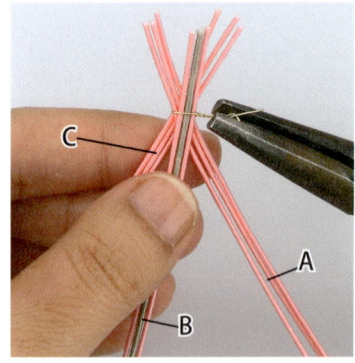

1 9本の水引を3本ずつに分けて、写真のようにワイヤーでしっかり留めます。

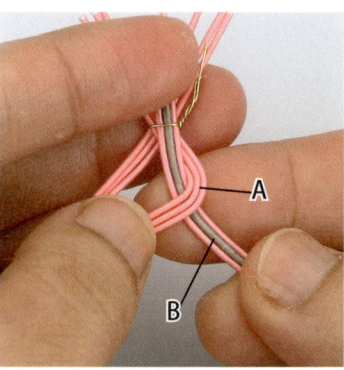

2 右外側のAを、中央Bの上から交差します。

3 左外側のCをAの上から交差させます。写真のように、水引を左右に振る感じで、きつめに編んでいきます。

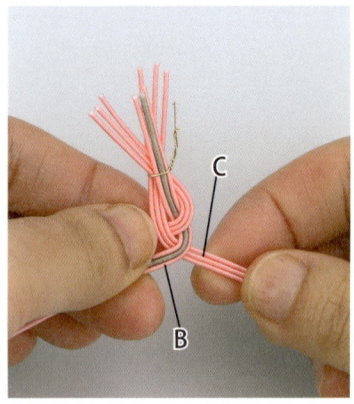

4 右外側にきたBをCの上から交差させます。

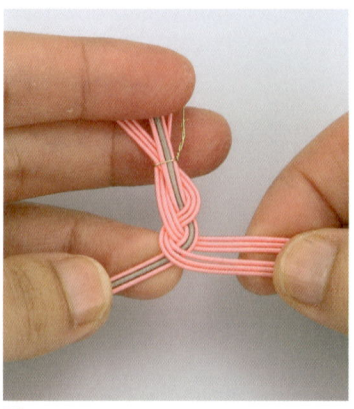

5 このように、外側の水引を内側、内側へと編んでいくと三つ編みになります。

6 必要な長さ分を編みます。編み終わりは、ワイヤーをねじってしっかり留めます。

四つ編みを編んでみよう

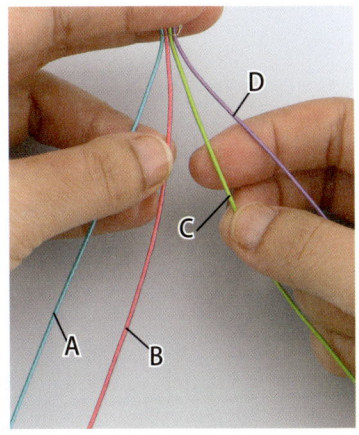

1 4本の水引の端をワイヤーでしっかり留めます。

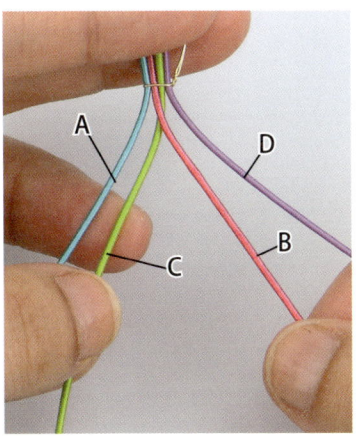

2 まず、BをCの上に交差させます。

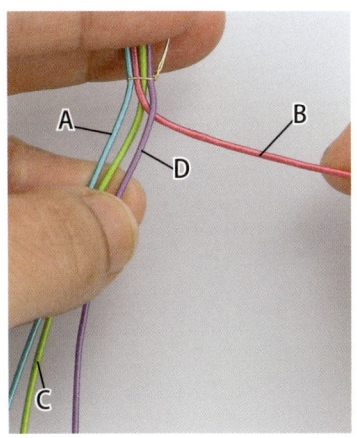

3 次に、BをDの下に通して、外側に出します。

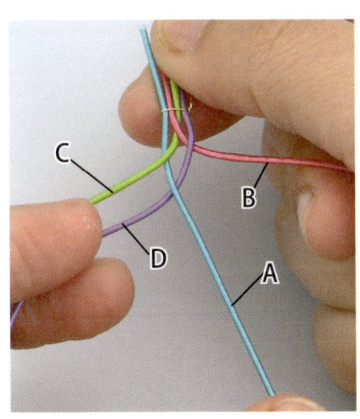

4 CをAの上から外側に出し、AをDの上に交差させます。

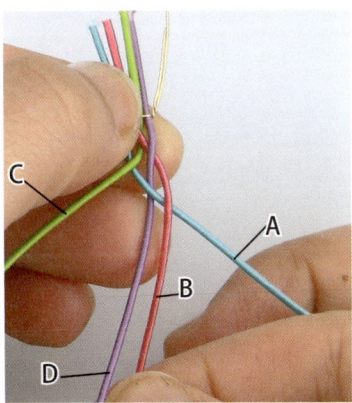

5 BをAの上から交差させます。

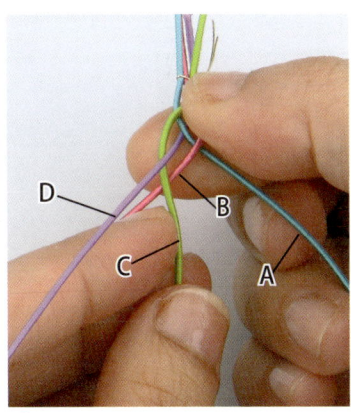

6 CをDの下から交差させます。

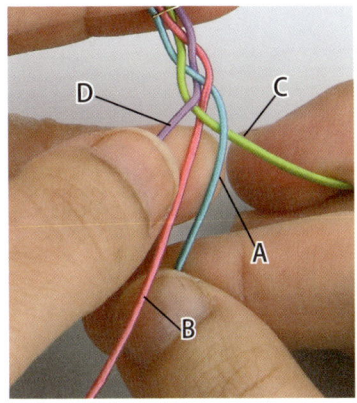

7 CをBの上、Aの下を通して外側に出します。

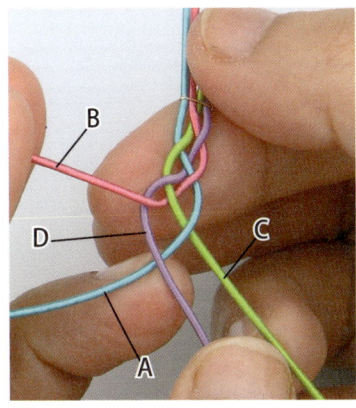

8 DをBの下→Aの上へと交差させます。

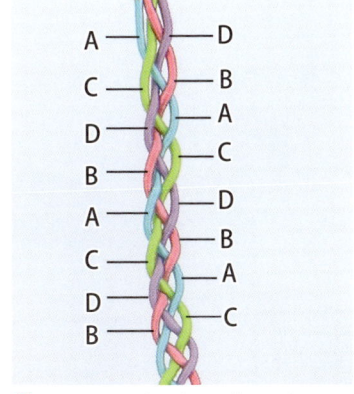

9 4本の水引が、交互に外側に出るように、編んでいきます。

ワンポイントアドバイス

ちり棒の使い方

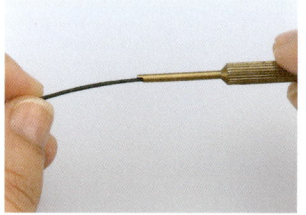

1 ちり棒の先の溝に、水引を差し込みます。

2 水引をちり棒に巻きつけていきます。

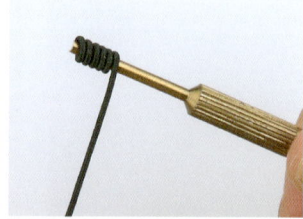

3 隙間のないように、きつめに巻きます。

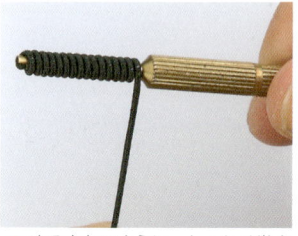

4 ゆるまないように、しっかり巻きます。

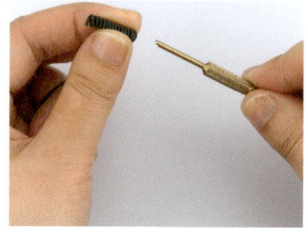

5 ちり棒から水引を引き抜きます。

6 コイル状に水引に跡がつきます。

7 本書では、指でほぐして、「ぶどうのツル」などに使用しています。

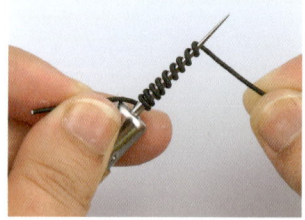

8 ちり棒がない場合は、目打ちの先でも代用できます。きつく巻くのがポイントです。

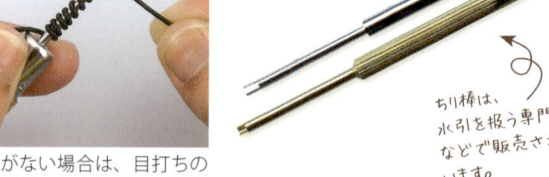

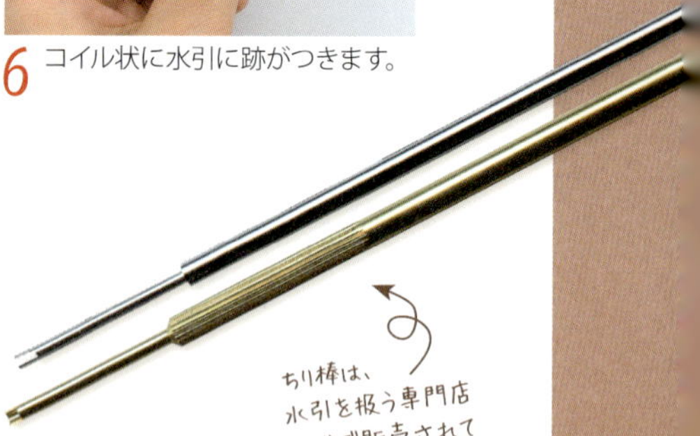

ちり棒は、水引を扱う専門店などで販売されています。

ワイヤーで水引を留めるコツ

1 水引の形が崩れないように、ワイヤーは根元までしっかりねじって留めます。

2 余分なワイヤーをカットしたら、ねじった部分をペンチで倒します。

3 ワイヤーが引っかからないように、ペンチで押さえて固定しましょう。

Part 2
水引でつくる
かんたんアクセサリー

Gallery

◆ Part2 ◆ 水引でつくるかんたんアクセサリー

▶ つくり方
　梅のUピン（1、2、4）→ p.35
　バラのUピン（3）→ p.33
　小花のヘアピン（5、6）→ p.32
　三つ編みのピアス（7）→ p.38
　三つ編みのイヤリング（8）→ p.36
　水引のバングル（9）→ p.40

小花のヘアピン

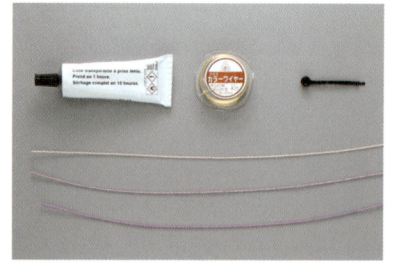

- ▶ 材料：水引30cm×3本（紫1・薄紫1・ピンク1）
  ワイヤー（28号）、金属用ボンド
  ヘアピン金具
- ▶ できあがりサイズ：直径2cm（花の部分）
- ▶ 基本の結び方：あわじ結び（▶p.14）

つくり方

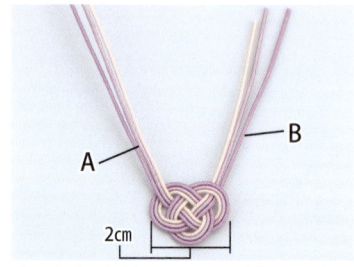

1 水引の右端Bを10cmほど残して、あわじ結び（▶p.14）を結びます。

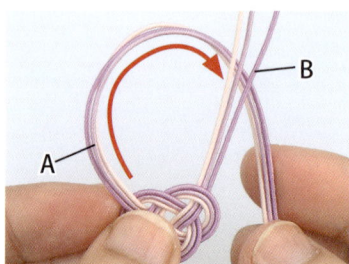

2 AをくるっとBの下に回します。

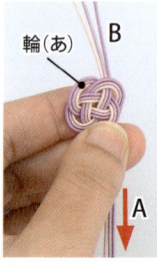

3 Aを引き、あわじ結びの輪と同じ大きさの輪（あ）をつくります。AとBの交差する部分を押さえます。

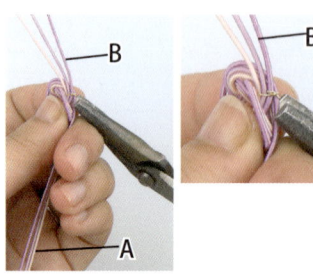

4 3を裏返し、AとBの交差する部分をワイヤーで留めます。

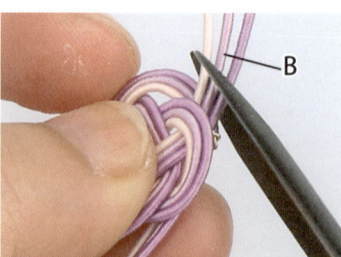

5 Bを、表から見えないように、すこし斜めに切り落とします。

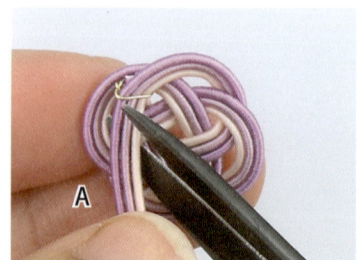

6 Aも表から見えないように、切り落とします。

7 裏側から見たところです。

8 ヘアピン金具の皿部分にボンドをつけて7の裏側にしっかり接着します。

参考作品

お好みの色の組み合わせで、アレンジが楽しめます。水引の本数を増やせば、大きなサイズにもできます。

バラのUピン

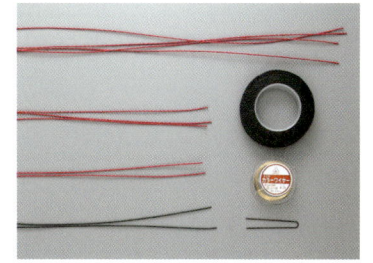

- ▶材料：花(小)…水引30cm×2本
  花(中)…水引30cm×3本
  花(大)…水引45cm×4本
  葉…水引30cm×2本
  ワイヤー（28号）
  フローラテープ
  Uピン金具
- ▶できあがりサイズ：直径2.3cm（花の部分）
- ▶基本の結び方：あわじ結び（▶p.14）
  立体的な梅結び（▶p.21）

バラの花のつくり方

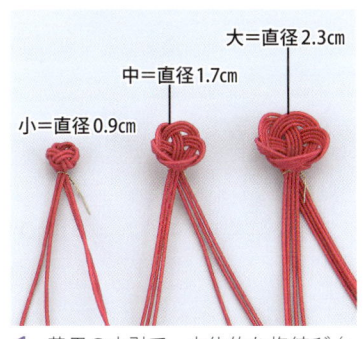

1 花用の水引で、立体的な梅結び（▶p.21）をし、花を**大中小**3個つくります。

2 **中**の花の真ん中に、目打ちで水引の通り道をつくります。

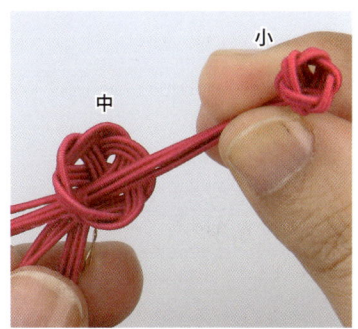

3 **中**の花の真ん中に、**小**の花を差し込みます。

4 小の花を差し込んだところ。

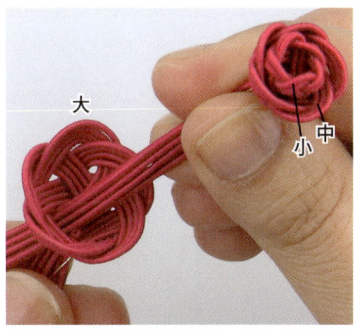

5 4を、**大**の花の真ん中に差し込みます。

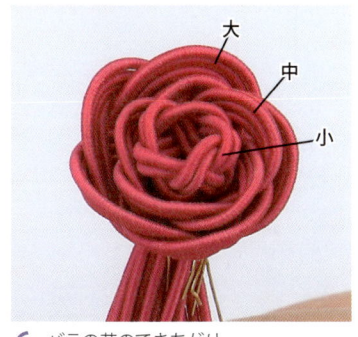

6 バラの花のできあがり。

🌸 葉のつくり方

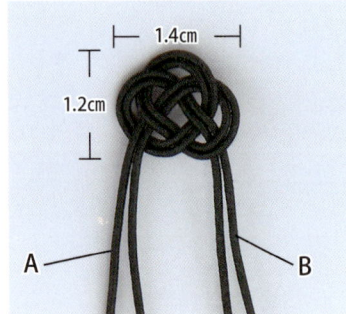
1 葉用の水引の真ん中に、あわじ結び（▶p.14）を結びます。

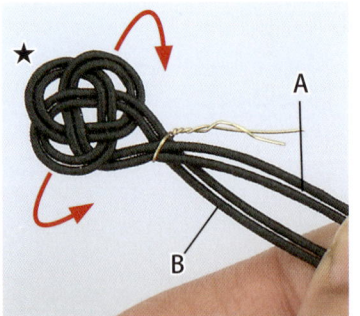
2 1の両端AとBを交差させて、ワイヤーで留めます。指で、葉先（★）を少しとがらせ、全体に少し丸みをつけます。

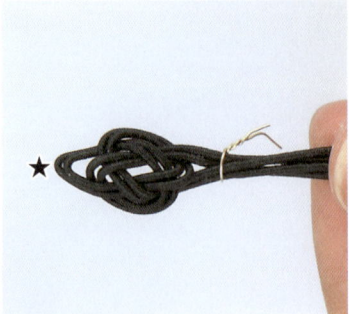
3 葉のできあがり。

🌸 花と葉を金具につけて完成

1 バラの花と葉を合わせて、ワイヤーで留めます。

2 Uピンに留めやすいように、余分な水引を斜めにカットします。

3 2をカットしたところ。

4 Uピンの足に3をあてがい、フローラテープを巻きつけていきます。

5 フローラテープは引っ張って、のばすと粘着性が増します。

6 ワイヤーが隠れるように巻いていきます。

7 斜めにきっちり巻きましょう。

8 できあがり。

Memo
フローラテープやペップ（p.51）、紙巻きワイヤー（p.80）は、造花用の資材として、大型手芸店で販売されています。

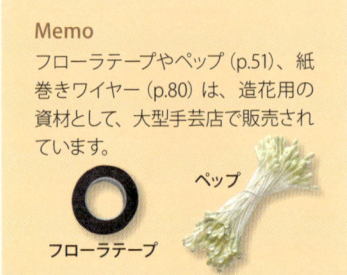

梅のUピン

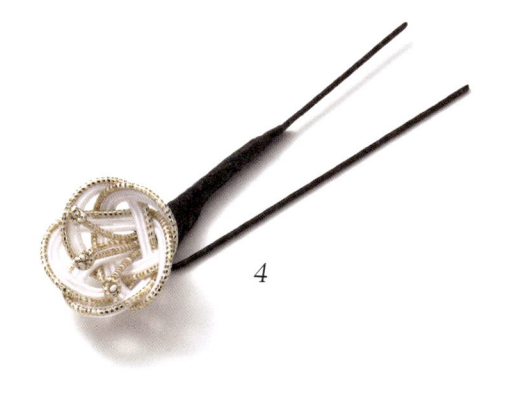

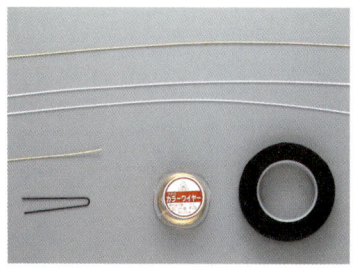

▶材料：花…水引45cm×3本（金1・白2）
　　　　シベ…水引15cm×1本
　　　　ワイヤー（28号）、フローラテープ
　　　　Uピン金具
▶できあがりサイズ：直径2cm（花の部分）
▶基本の結び方：立体的な梅結び（▶p.21）

つくり方

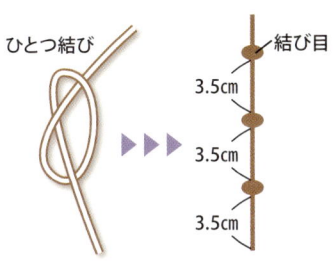

1 シベ用の水引で、3.5cm間隔でひとつ結びをし、結び目を3個つくります。

2 1を結び目のギリギリでカットします。シベが3本できます。

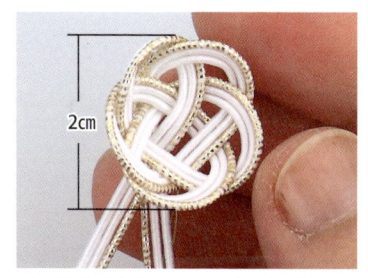

3 花用の水引で、立体的な梅結び（▶p.21）をします。

4 花の真ん中に、シベを差し込みます。シベの頭は、1cmほど出るようにします。

5 シベの向きを調節します。

6 花とシベをワイヤーで留めます。

7 Uピンに留めやすいように、余分な水引を斜めにカットします。

8 7を、フローラテープでUピンに巻きつけてできあがり。

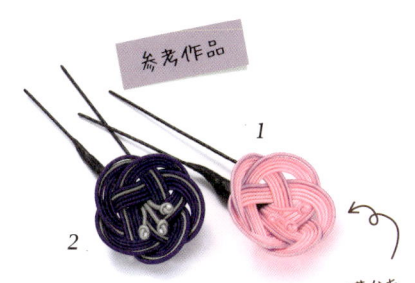

参考作品

水引5本で花弁を結んでいます。

三つ編みのイヤリング

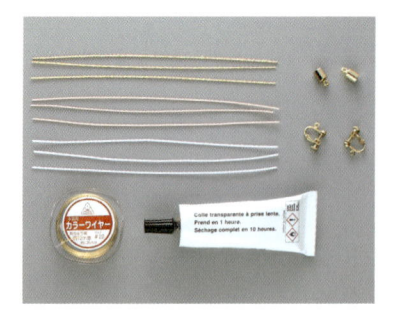

8

▶材料：水引15cm×9本(白3・ピンク3・金3)
　×2組分＝計18本
　ワイヤー(28号)、金属用ボンド
　イヤリング金具、カツラ金具
▶できあがりサイズ：2.2×3cm(飾り部分)
▶基本の結び方：三つ編み(▶p.26)

しずく型の飾りをつくる

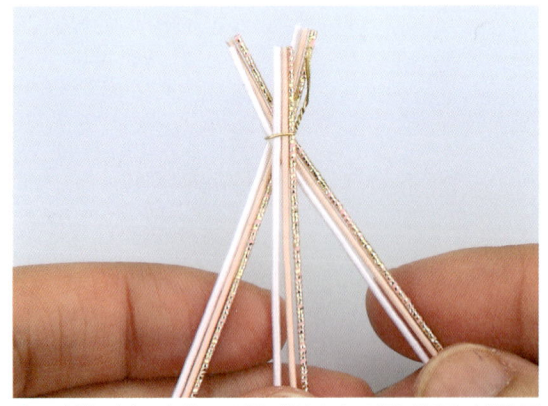

1 水引9本を3本ずつ、3組に分けます。3組に分けた水引を写真のようにまとめて、ワイヤーでしっかり留めます。

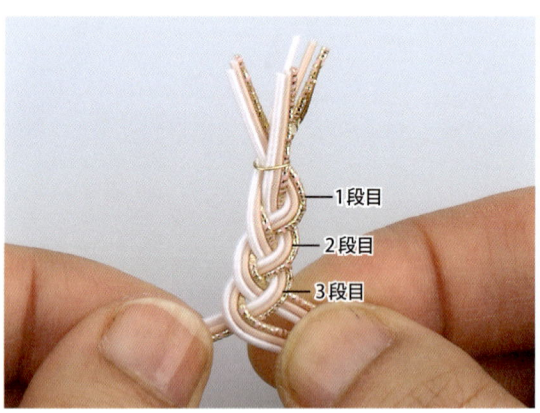

2 3段目まで三つ編み(▶p.26)をします。

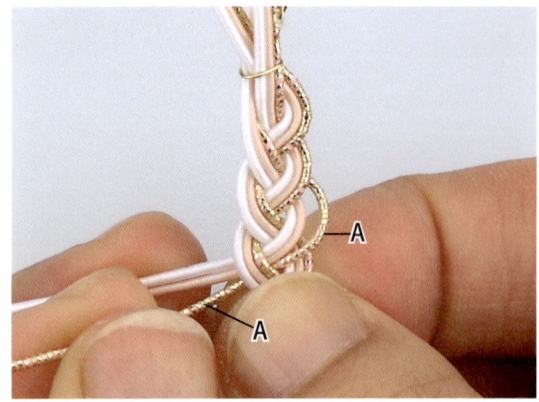

3 編み終わりを右手の指先で押さえながら、3段目のAを外側に向けて少し押し出します。

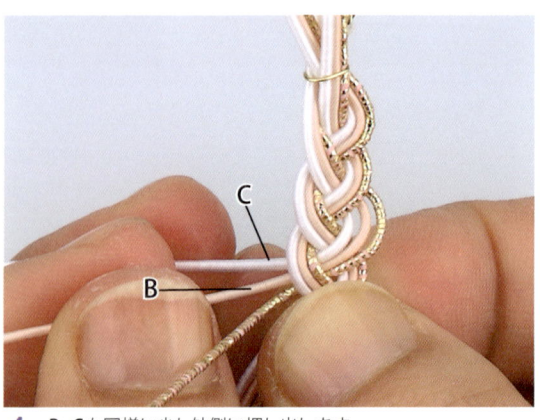

4 B、Cも同様に少し外側に押し出します。

Part2 ◆ 水引でつくるかんたんアクセサリー

5 続けて、4段目、5段目をきっちりと三つ編みします。

6 5段目まで編んだところです。3〜4と同様に4段目の右側を外側に押し出します。

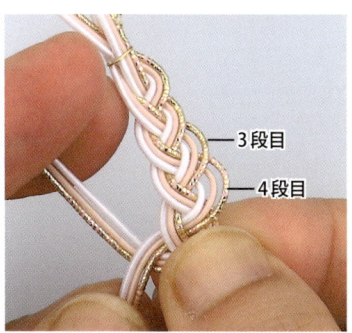

7 3段目よりも4段目のほうが少し大きくカーブするように押し出します。

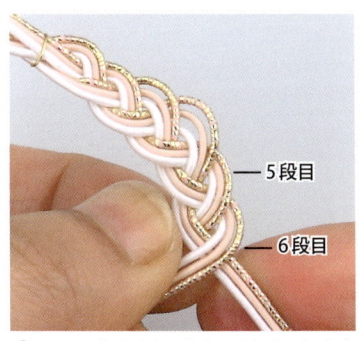

8 5〜6段目はまっすぐではなく、左方向に大きくカーブさせるように三つ編みします。

9 先ほどと同じように5〜6段目も右側を外側に押し出します。

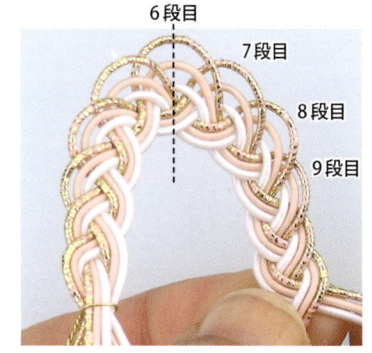

10 6段目を中心に、全体が左右対称になるように、7〜9段目の右側も外側に押し出します。

11 10〜11段目をきっちり三つ編みにして、編み終わりをワイヤーで留めます。

12 しずく型になるように、編み始めと、編み終わりを交差させてワイヤーで留めます。

13 余分なワイヤーの先はカットして始末し、ヤットコでしっかり固定します。

37

14 イヤリング金具に差し込みやすいように、余分な水引をカットします。

15 ヤットコでカットした部分を押さえます。

16 しずく型のパーツができました。

飾りを金具につけて完成

1 カツラ金具にボンドを注入します。

2 しずく型のパーツをカツラ金具に差し込みます。

3 イヤリング金具を用意します。

4 カツラ金具とイヤリング金具を接合します。

5 ペンチでしっかり固定します。

6 イヤリングのできあがり。

参考作品

7

6本の水引を2本取りで三つ編みをし、イヤリングよりも小さなピアスにしました。

三つ編み&四つ編みのストラップ

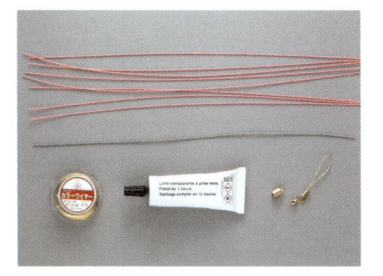

20

▶**材料**：水引30cm×9本（グレー1・ピンク8）
ワイヤー（28号）、金属用ボンド
ストラップ金具、カツラ金具

▶**できあがりサイズ**：0.8×8cm

▶**基本の結び方**：三つ編み（▶p.26）

つくり方

1 水引9本を3本ずつに分けて、約20cmほど三つ編み（▶p.26）をします。

2 全体を半分にし、長さを確認します。編み終わりをワイヤーで留めます。

3 5mmほど残して、水引をカットします。

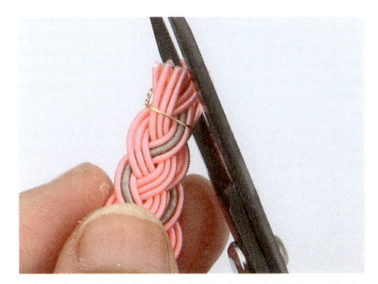

4 カツラ金具に入れやすいように、先を斜めにカットします。

5 ボンドをつけたカツラ金具に差し込みます。

6 カツラ金具にストラップ金具を取りつけて、できあがり。

7 同様に、四つ編み（▶p.27）でつくると、少し太めのストラップになります。

参考作品

水引8本を2本取りの
四つ編みでつくっています。

21

Part2 水引でつくるかんたんアクセサリー

水引のバングル

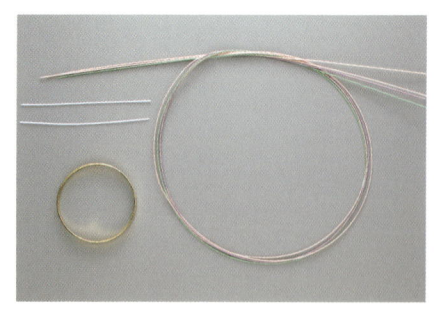

- **材料**：本体…水引90cm×4本（緑1・紫1・ピンク2）
  接合用…水引20cm×2本
  バングル金具
- **できあがりサイズ**：直径7cm

つくり方

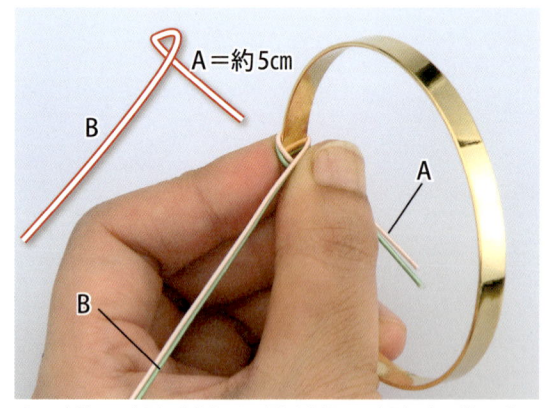

1 本体用の水引2本（ピンク・緑）を揃えて、水引の先**A**（約5cm）をバングル金具の裏側にあてがい、写真のように巻きつけます。

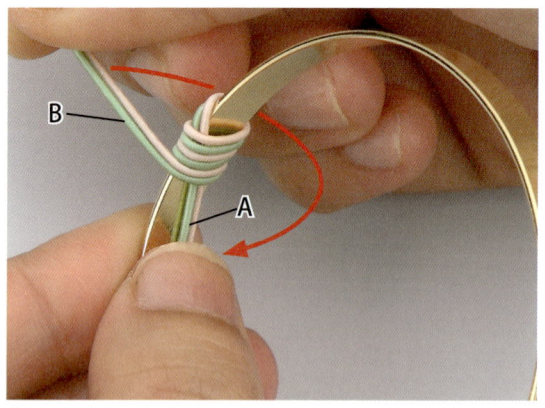

2 **A**を金具の内側に巻き込みながら、水引がゆるまないように、**B**を巻きつけていきます。

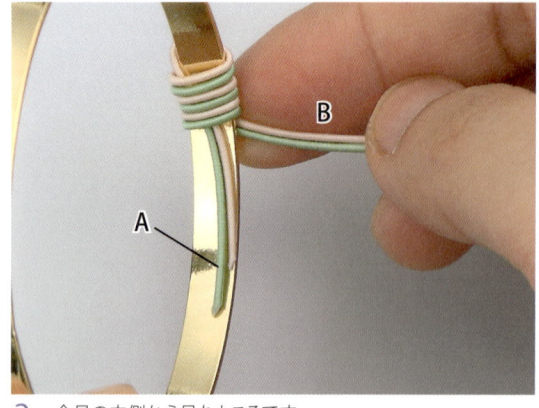

3 金具の内側から見たところです。

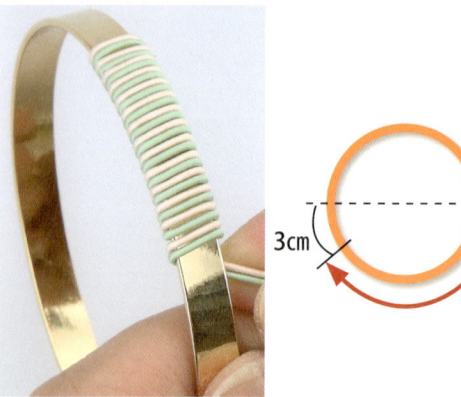

4 なるべく隙間ができないように、金具の半分より3cm手前まで巻きます。

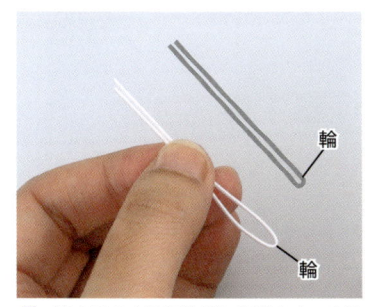

Part2 ◆ 水引でつくるかんたんアクセサリー ◆

5 接合用の水引を半分に曲げます。水引の巻き終わりを始末するための、芯になります。

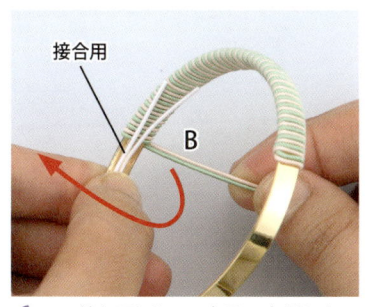

6 5の輪を下にして、金具の内側にあてます。接合用の水引を巻き込みながら、Bを金具の半分の位置まで巻きます。

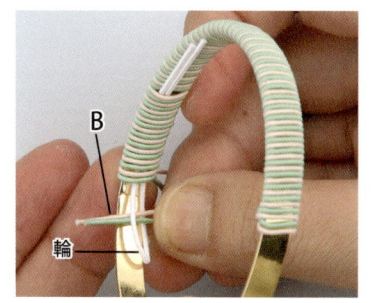

7 Bを金具の半分のところまで、気持ちゆるめに巻きます。巻き終わりは、輪の中に、Bを通します。

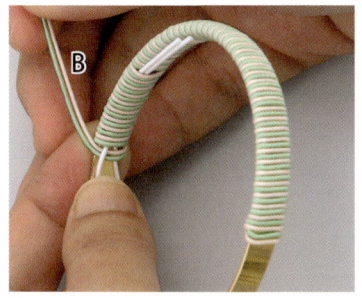

8 Bを輪の中に通したところ。

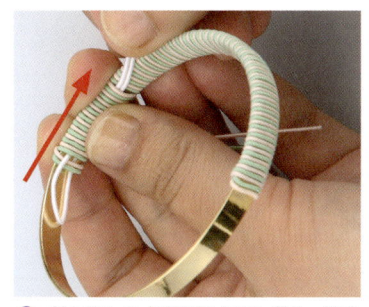

9 輪に通した水引を押さえながら、接合用の水引を引っ張ります。

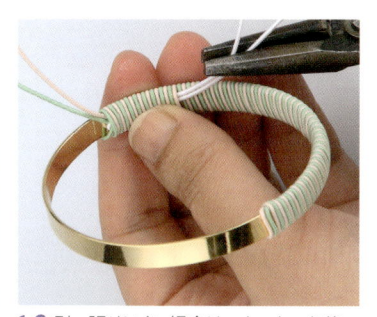

10 引っ張りにくい場合は、ヤットコを使って引っ張ります。

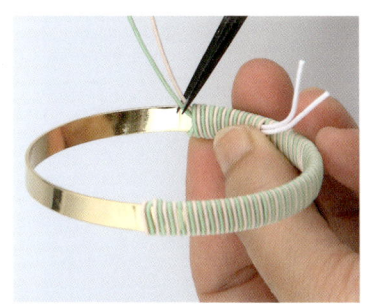

11 巻き終わりの水引をカットします。

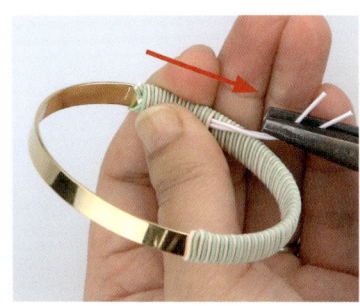

12 さらに、接合用の水引を引っ張って、カットした部分を隠します。

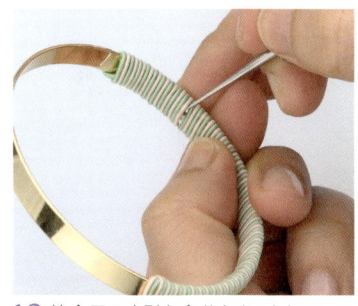

13 接合用の水引も余分をカットして、目打ちを使って水引の内側に隠します。

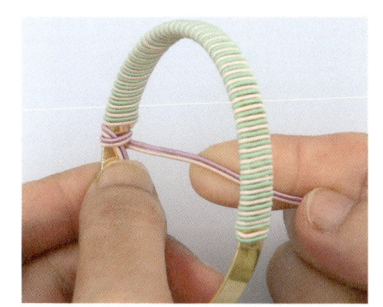

14 同様に、残りの半分も水引2本(ピンク・紫)を巻いていきます。

15 巻き終わりの処理も同様です。

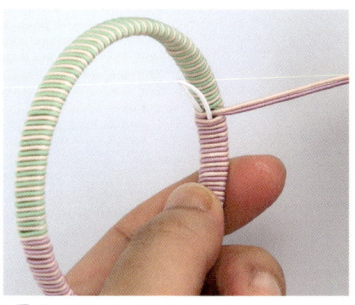

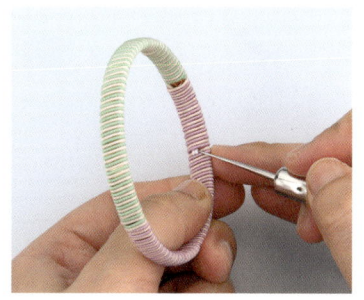

16 接合用の水引を、目打ちで水引の内側に隠して、できあがり。

41

Gallery

▶ つくり方
花のヘアクリップ（ *10、11* ）→ p.47、p.49
ハナミズキのヘアクリップ（ *12、13* ）→ p.44、p.46

ハナミズキのヘアクリップ

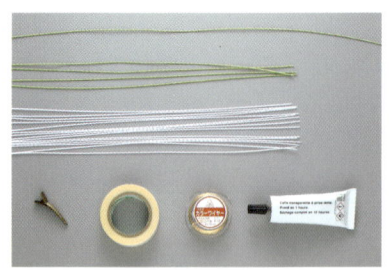

12

▶ **材料**：花弁…水引30cm×16本（黄緑1・白3 ×4枚分）
　シベ…水引50cm×1本
　ガク…水引45cm×3本
　ワイヤー（28号）、金属用ボンド
　両面テープ、ヘアクリップ金具

▶ **できあがりサイズ**：幅3.8cm（花の部分）

▶ **基本の結び方**：
　あわじ結び（▶p.14）、立体的な梅結び（▶p.21）

つくり方

1 花弁用の水引4本であわじ結び（▶p.14）をします。

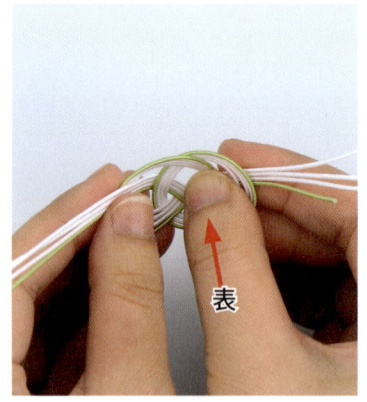

2 あわじ結びの表側の中心を指で押してくぼませます。

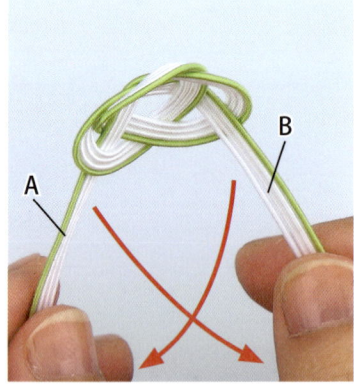

3 あわじ結びを逆さまに持ちます。水引の両端AとBを交差させます。

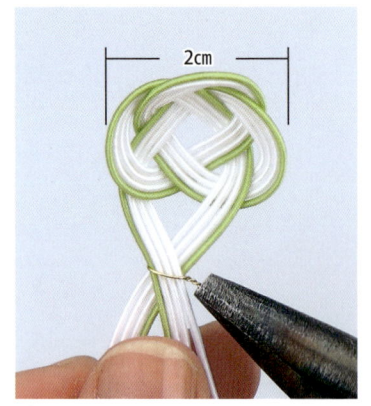

4 交差させた水引をワイヤーでまとめます。

5 ワイヤーで留めた部分の少し上をヤットコで押さえて折り曲げます。

6 余分な水引はカットします。残りの水引で花弁をさらに3枚つくります。

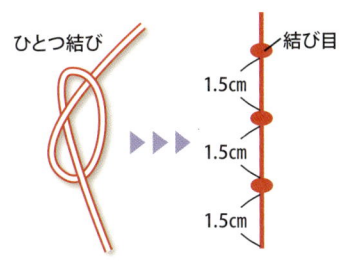

7 シベ用の水引で、1.5cmずつ間隔をあけながら、ひとつ結びを25個つくります。

8 結び目のところでカットします。切り落としたものが花のシベになります。

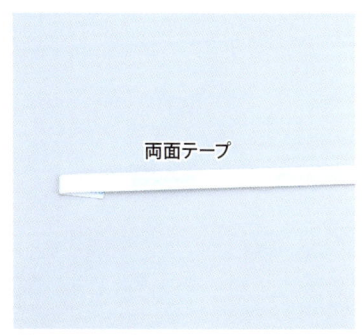

9 両面テープの端を、1cmほど折り曲げて留めます。

10 両面テープの上に、シベを隙間のないように並べて貼っていきます。

11 全部貼り終えたら、写真のようにくるくると巻いていきます。

12 両面テープからはみ出た部分はカットします。

13 シベのまわりに花弁をつけていきます。

14 4枚の花弁をバランス良くまとめます。

15 花弁の根本部分をワイヤーでしっかりと固定します。

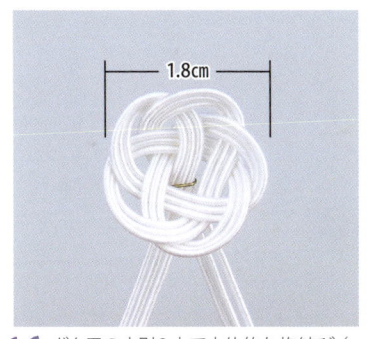

16 ガク用の水引3本で立体的な梅結び(▶p.21)をします。

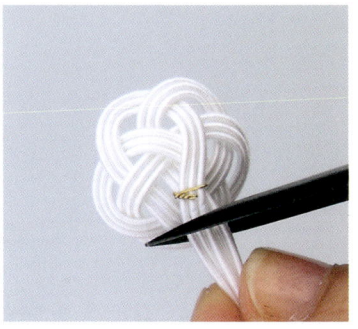

17 ワイヤーでまとめて、余分はカットします。

18 内側にボンドをつけます。

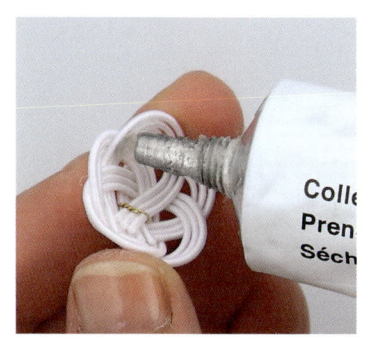

19 花の根本部分を少し斜めに切り揃えます。

20 ガクと接着します。乾いたら、ガクにワイヤーを通します。

21 ヘアクリップ金具にワイヤーで固定します。

22 余分なワイヤーはカットし、金具の内側に始末します。

23 もう1箇所、ワイヤーで留めます。

24 花のパーツがぐらつかないように、しっかり固定して余分なワイヤーはカットします。

25 できあがり。

参考作品

水引5本で
花弁のあわじ結びを
結んでいます。

13

花のヘアクリップ

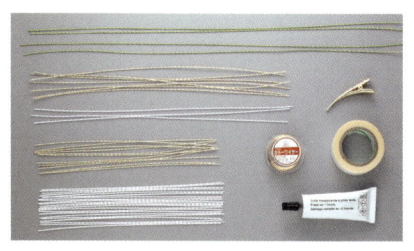

10

▶ 材料：
花弁（1段目）…水引22cm×15本（金1・白2×5枚分）
花弁（2段目）…水引22cm×18本（金1・白2×6枚分）
花弁（3段目）…水引30cm×28本（金1・白3×7枚分）
シベ…水引70cm×1本（白）、水引30cm×1本（金）
ガク…水引45cm×4本
ワイヤー（28号）、金属用ボンド
両面テープ、ヘアクリップ金具

▶ できあがりサイズ：幅5.5cm（花の部分）

▶ 基本の結び方：
あわじ結び（▶p.14）、立体的な梅結び（▶p.21）

つくり方

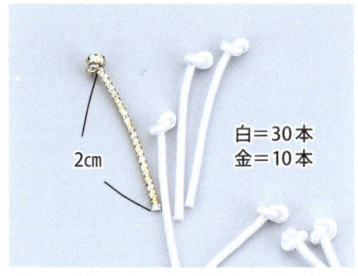

1 シベを40本つくります（p.45「ハナミズキのヘアクリップ」7〜8参照）。
白=30本 金=10本 2cm

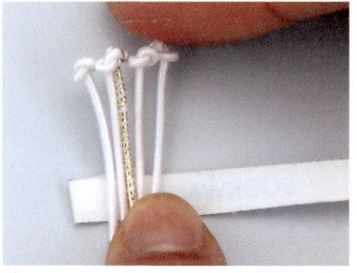

2 両面テープにシベを貼ります（▶p.45「ハナミズキのヘアクリップ」9〜10参照）。

3 全部貼り終えたら、写真のように巻き留めます。

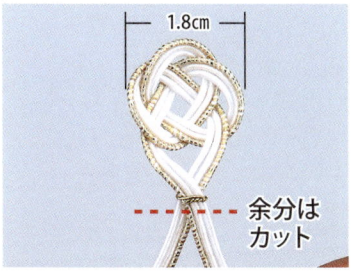

4 花弁用の水引で花をつくります（p.44「ハナミズキのヘアクリップ」1〜6参照）。
1.8cm 余分はカット

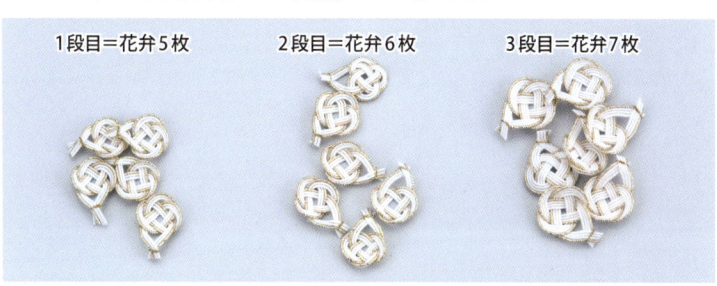

5 1段目と2段目は、1枚の花弁を3本の水引で結びます。3段目は、1枚の花弁を4本の水引で結びます。
1段目=花弁5枚　2段目=花弁6枚　3段目=花弁7枚

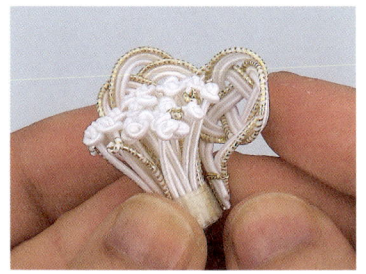

6 3のシベのまわりに1段目の花弁をつけていきます。

7 5枚の花弁をバランス良くまとめ、花弁の根本部分をワイヤーでしっかりと固定します。

8 形を整えます。1段目のできあがり。

47

9 根元部分に両面テープを巻きます。

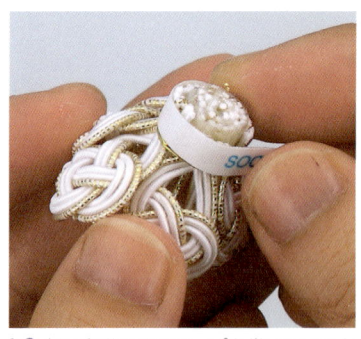

10 根元部分に両面テープを巻いているところ。

11 15cmのワイヤーに、2段目の花弁を写真のように通していきます。

12 6枚の花弁をワイヤーに通したところ。

13 1段目の花の根元に、2段目の花弁を少しずつ貼りつけていきます。

14 6枚の花弁をまとめ、花弁の根本部分をワイヤーで固定します。

15 2段目のできあがり。

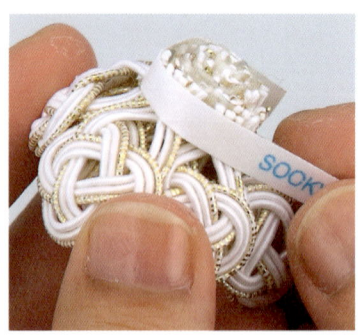

16 2段目の根元部分に両面テープを巻きます。

17 3段目の花弁は、4枚と3枚に分けて、12cmと8cmのワイヤーに通します。

18 7枚の花弁を順番に貼っていきます。

19 花弁の根本部分をワイヤーで固定します。

20 形を整えたら、花のできあがり。

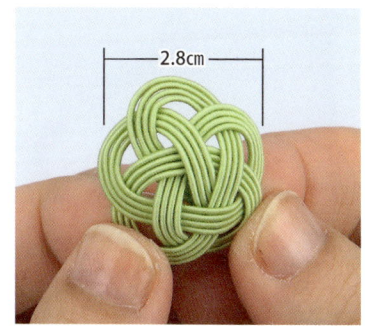

21 ガクをつくります（p.45「ハナミズキのヘアクリップ」16〜17参照）。

22 花の根本部分を少し斜めに切り揃えます。

23 ガクの内側にボンドをつけます。

24 ガクと接着します。乾いたら、ガクにワイヤーを通します。

25 ヘアクリップ金具をあてがい、ワイヤーで固定します。

26 ワイヤー部分にボンドをつけて補強します。

27 できあがり。

28 和装にも洋装にも合います。

参考作品

花弁は、水引7本であわじ結びをしています。大輪のボリュームのあるコサージュです。

11

Part2 ◆ 水引でつくるかんたんアクセサリー

▶つくり方
下がり小花のヘアクリップ（14）→ p.51

下がり小花のヘアクリップ

14

▶ **材料**：花(大) 花弁…水引7.5cm×70本、花(小) 花弁…水引6cm×45本
花(大) ガク…水引45cm×4本、花(小) ガク…水引45cm×3本
つぼみ…水引5cm×30本、葉…水引45cm×4本
つぼみのガク…水引30cm×3本、茎…水引8cm×1本
ペップ(▶p.34) 13本、ワイヤー(28号)、金属用ボンド
ヘアクリップ金具、両面テープ

▶ **できあがりサイズ**：幅8cm (花の部分)

▶ **基本の結び方**：あわじ結び (▶p.14)、立体的な梅結び (▶p.21)

つくり方

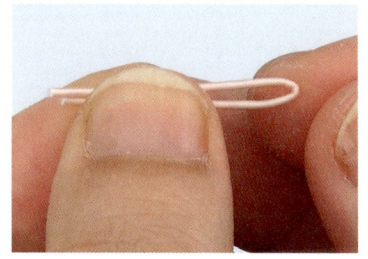

1 つぼみ用の水引を、半分に曲げて輪にします。

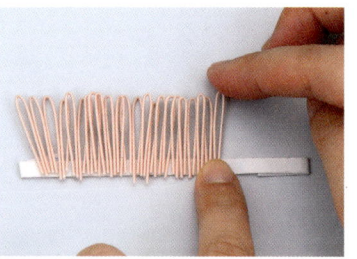

2 両面テープに、1を貼ります (▶p.45「ハナミズキのヘアクリップ」9〜10参照)。

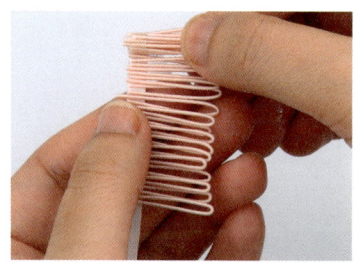

3 全部貼り終えたら、くるくると巻いていきます。

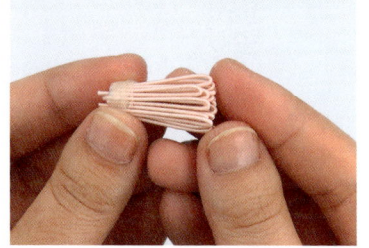

4 つぼみの形に整えます。

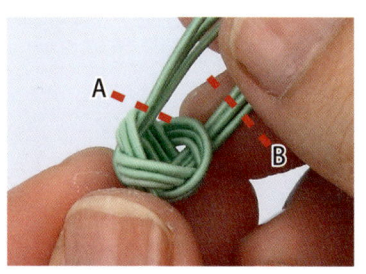

5 つぼみのガク用の水引で、直径1cmのガクをつくります (▶p.62「タッセル風バッグチャーム」の2〜4と同じ)。

6 5のAをカットし、Bは「タッセル風バッグチャーム」の6〜9と同様にカットし、ボンドをつけて、内側に折り曲げます。

7 6のガクと4のつぼみをボンドで接着し、茎用の水引をガクに差し込みボンドで接着します。

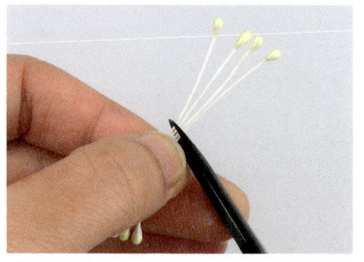

8 ペップを半分にカットします。

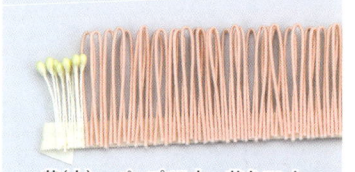

9 花(大)、(小)それぞれ、両面テープにペップを貼り、花弁用の水引を1〜2と同様にして、貼ります。

花(大)＝ペップ15本、花弁70本
花(小)＝ペップ11本、花弁45本

10 全部貼り終えたら、ペップが内側になるように、くるくると巻いていきます。

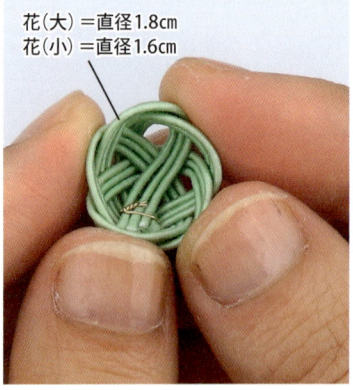

11 花（大）=直径1.8cm
花（小）=直径1.6cm
花（大）、（小）それぞれ、ガク用の水引でガクをつくります。p.45の「ハナミズキのヘアクリップ」16〜17と同じつくり方ですが、写真のように半球状にします。

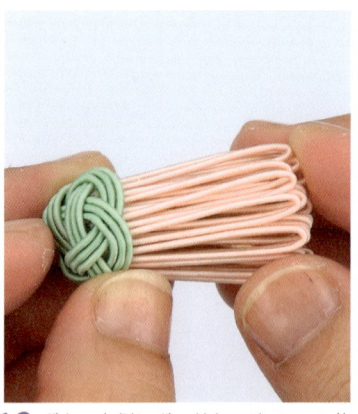

12 ガクの内側にボンドをつけて、10の花を差し込みます。

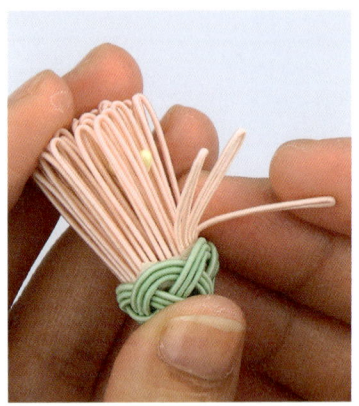

13 外側から花びらを折り曲げていきます。

14 ボールペンなどで、花びらの先に丸みをつけます。

15 花のできあがり。
花（小） 花（大）

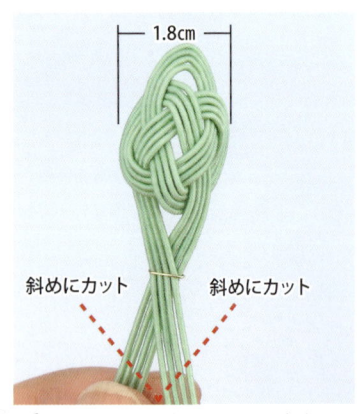

16 1.8cm
斜めにカット　斜めにカット
葉用の水引で葉をつくります（▶p.34「葉のつくり方」と同じ）。

17 ヘアクリップ金具の穴にワイヤーを通します。

18 つぼみと葉をワイヤーで固定します。

◆ Part2 ◆ 水引でつくるかんたんアクセサリー ◆

19 花（大）のガクに目打ちを刺し、ワイヤーを通しやすくします。

20 ワイヤーを通します。

21 葉の上に重なるように、花（大）を取りつけます。

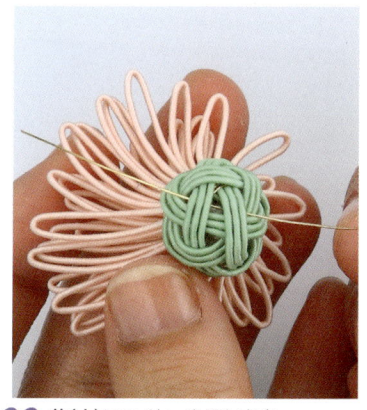

22 花（小）にワイヤーを通します。

23 花（小）を花（大）の横に取りつけます。葉とつぼみの、ヘアクリップ金具からはみ出た部分をカットします。

はみ出た部分はカットします

24 花（大）と花（小）のガク同士をワイヤーで固定します。

25 ボンドで補強します。

26 できあがり。

▶つくり方
梅の帯留め（15、17）→ p.55
ト音記号の帯留め（16）→ p.56

梅の帯留め

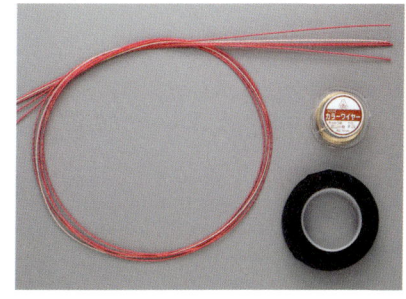

15

- ▶ **材料**: 水引60㎝×5本 (白1・ピンク4)
  ワイヤー (28号)
  フローラテープ
- ▶ **できあがりサイズ**: 幅5.5㎝
- ▶ **基本の結び方**: 梅結び (▶p.20)

つくり方

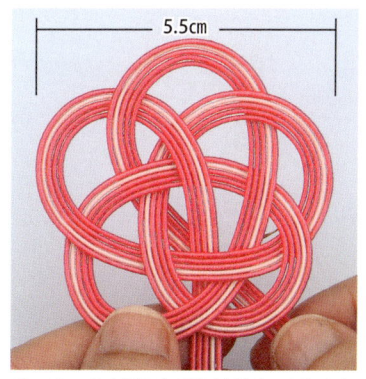

1 60㎝の水引5本で梅結び (▶p.20) をします。水引が平らになるように結びます。

2 交差させた水引をワイヤーで留めます。

3 5mmほど残して余分な水引をカットします。

4 ワイヤーが隠れる程度にフローラテープを巻けばできあがり。花びらの隙間に帯締め (三分紐) を通して使用します。

参考作品

水引4本で結んでいます。幅約3㎝の小さい帯留めなので、他の帯留めと組み合わせて使っても良いです。

17

ト音記号の帯留め

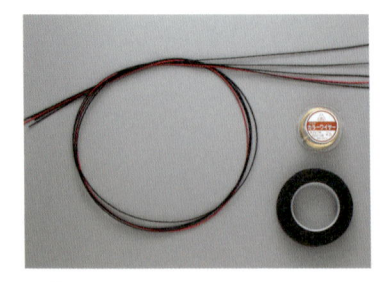

16

▶ 材料：水引60cm×5本（赤1・黒4）
　　　ワイヤー（28号）
　　　フローラテープ
▶ できあがりサイズ：6.8×12.3cm

つくり方

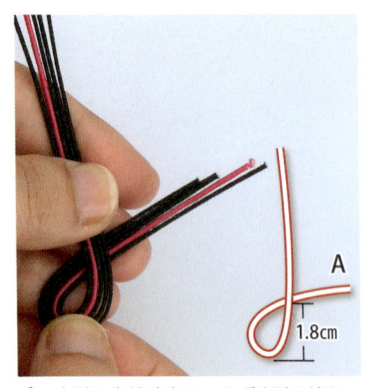

1　水引の先端（A）で、しずく型の輪をつくります。

2　交差した部分をワイヤーで留めます。

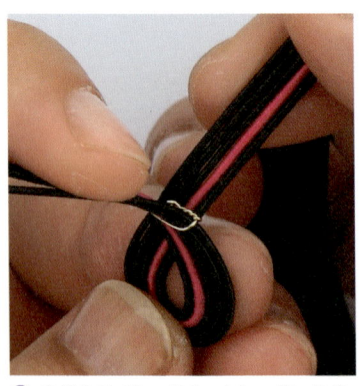

3　余分なワイヤーをカットし、切った先を内側に折り曲げます。

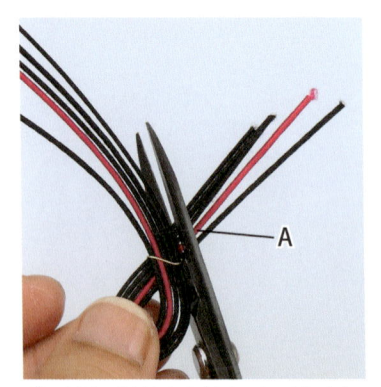

4　水引の先端（A）を斜めにカットします。

5　カットした部分をフローラテープで巻き留めます。

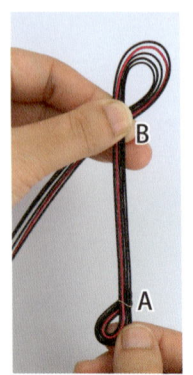

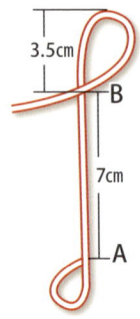

裏　表

6　Bの位置に、しずく型の輪をつくります。輪の中の、水引の間隔を少しあけるようにします。

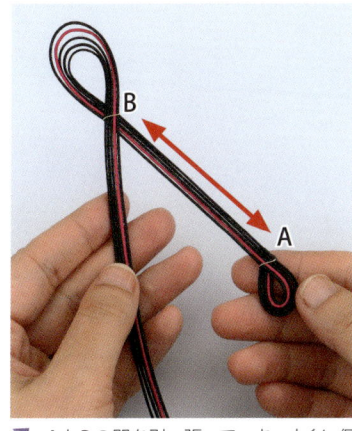

◆Part2◆ 水引でつくるかんたんアクセサリー

7 AとBの間を引っ張って、まっすぐに保ち、2〜3と同様に、交差した部分をワイヤーで留めます。

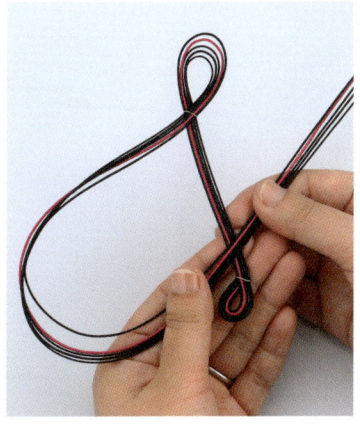

8 写真のように、大きく水引をカーブさせます。

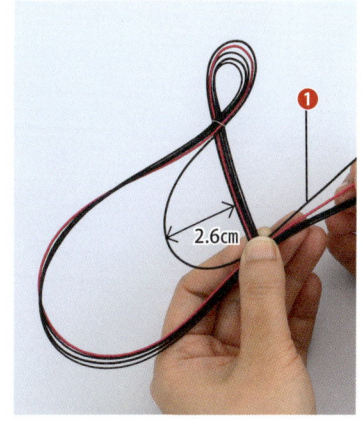

9 水引を内側の❶から順に引いて、カーブの大きさと水引の間隔を調節します。

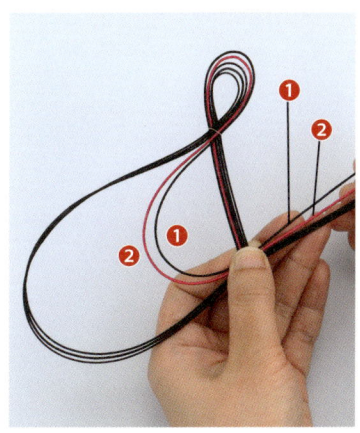

10 ❷を引いたところ。❶と❷の間隔を、3mmほどあけるようにします。残りの3本も同様にして形を整えます。

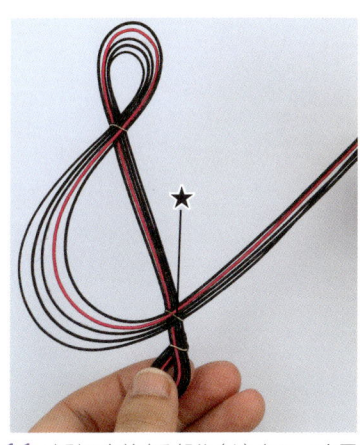

11 水引の交差する部分（★）を2〜3と同様に、ワイヤーで留めます。

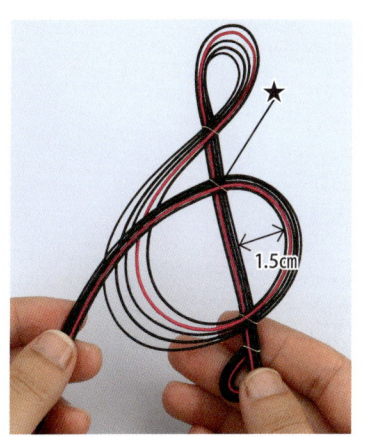

12 写真のように水引を半円を描くようにカーブさせて、水引の交差する部分（★）をワイヤーで留めます。

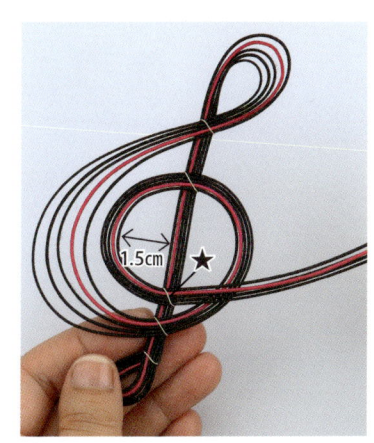

13 左側も、同じように半円を描くようにカーブさせて、水引の交差する部分（★）をワイヤーで留めます。

14 最後は、★の下に水引を通して、余分な水引をカットします。

15 14のカットした部分をフローラテープで巻き留めて、できあがり。

57

Gallery

18

19

20

21

▶つくり方
リボンのシューズクリップ（*18*）→ p.60
タッセル風バッグチャーム（*19*）→ p.62
三つ編みのストラップ（*20*）→ p.39
四つ編みのストラップ（*21*）→ p.39

▶ つくり方
星のハットピン（*22*）→ p.64
UFOのタックピン（*23*）→ p.66

リボンのシューズクリップ

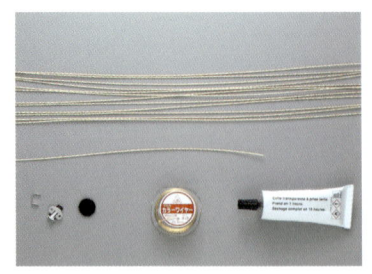

18

- ▶**材料**：リボン…水引45cm×12本×2個分
  接合用…水引30cm×1本
  ワイヤー（28号）、金属用ボンド
  シューズクリップ金具
- ▶**できあがりサイズ**：2×5.5cm
- ▶**基本の結び方**：三つ編み（▶p.26）

つくり方

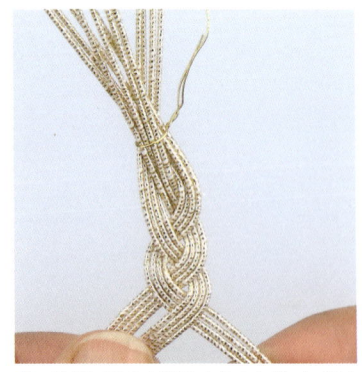

1 リボン用の水引12本を4本ずつに分けて、三つ編み（▶p.26）をします。

2 約30cm三つ編みをして、編み終わりはワイヤーで留めます。

3 編み始めを内側にして、2重の輪にし、ワイヤーで留めます。

4 ワイヤーで留めているところ。

5 内側の、編み始め部分をカットします。

6 外側の編み終わりも、余分をカットします。

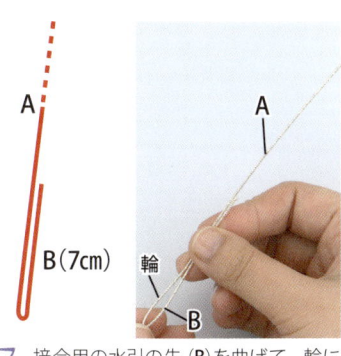

Part2 ◆ 水引でつくるかんたんアクセサリー ◆

7 接合用の水引の先（B）を曲げて、輪にします。

8 7の輪を下にして、4で留めたワイヤーの上にあてがいます。

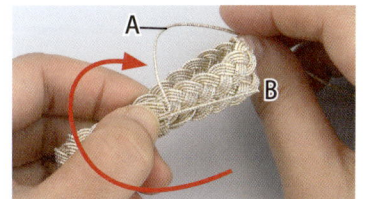

9 輪の部分を押さえながら、水引の長い方（A）をリボンに巻きつけていきます。

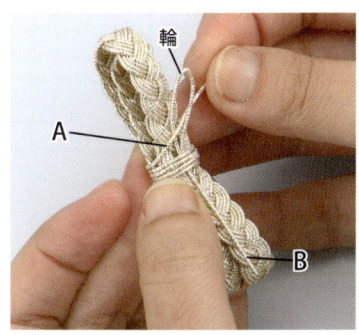

10 ワイヤーを隠すように、6mmほど巻いたら、輪の中にAの先を通します。

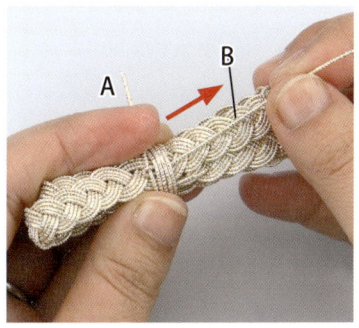

11 輪に通したAを押さえながら、もう一方のBを引っ張ります。

12 余分な水引をカットします。

13 2重になっている三つ編みを斜めにずらして、リボンの形を整えます。

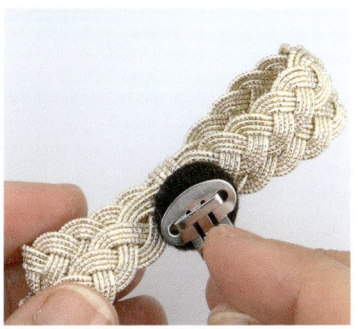

14 シューズクリップ金具にボンドをつけて、リボンの真ん中に接着します。

15 できあがり。

参考作品

リボンを一巻きでとめて、箸置きにしました。紅白や金でつくると、お正月仕様になります。人数分、カラフルに色を変えてつくっても楽しいです。

68
→ p.117

タッセル風バッグチャーム

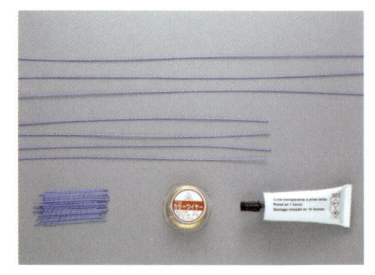

19

▶**材料**：房…紙巻き水引6cm×45本
頭…紙巻き水引30cm×4本
ループ…紙巻き水引45cm×3本
ワイヤー（28号）
金属用ボンド

▶**できあがりサイズ**：
（房飾り）18.2cm、（ループ）10cm

▶**基本の結び方**：
あわじ結び（▶p.14）、三つ編み（▶p.26）

つくり方

1 房用の水引を束にして、ワイヤーでまとめます。

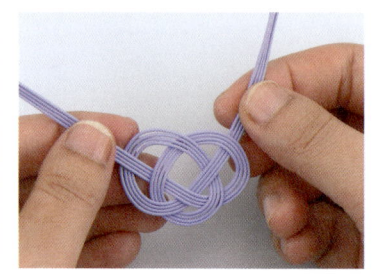

2 頭用の水引で、あわじ結び（▶p.14）をします。

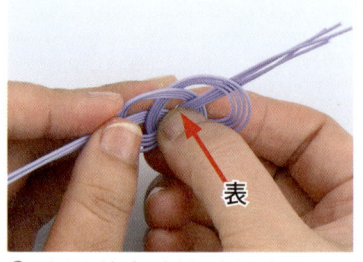

3 あわじ結びの表側の中心を押して、くぼませながら水引を引き締めます。

4 全体が半球状になるように、内側をくぼませながら水引を引き締めます。

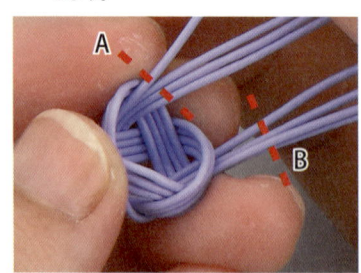

5 直径1.2cmの半球状にし、写真の部分をカットします（6参照）。

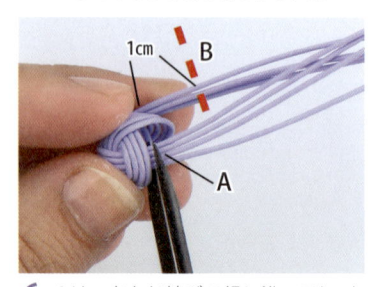

6 **A**は、あわじ結びの縁に沿ってカットし、**B**は1cmほど残してカットします。

7 不要な水引の先にボンドをつけます。

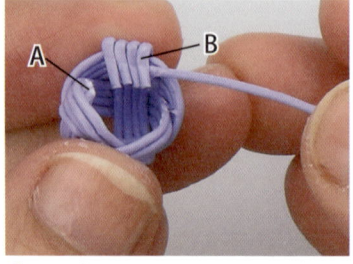

8 **A**の先と、**B**のカットした部分の内側にボンドをつけます。

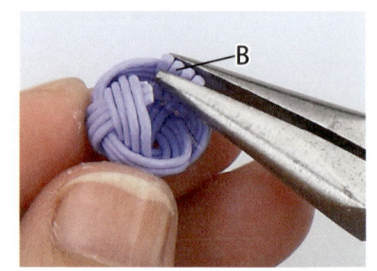

9 **B**を内側に折り込んで、ヤットコで固定します。頭部分のできあがり。

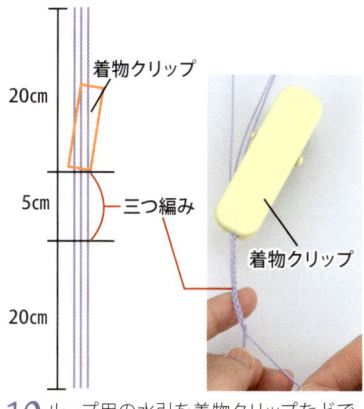

10 ループ用の水引を着物クリップなどで固定し、左図の部分のみ、三つ編み（▶p.26）します。

11 編み始めと、編み終わりを押さえながら、輪をつくります。

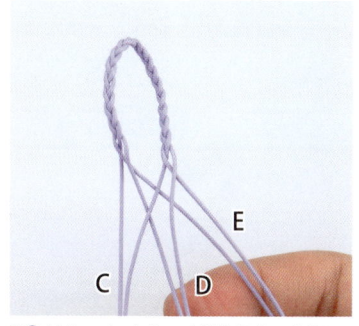

12 輪をつくったら、水引を写真のように2本ずつの3組に分けます。

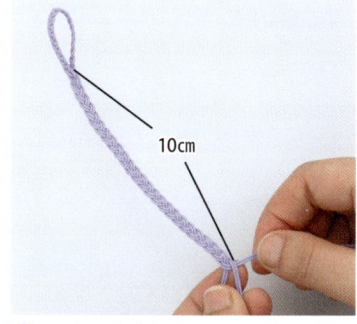

13 A、B、Cを合わせて10cmほど三つ編みをします。

14 編み終わりはワイヤーで留めます。

15 余分な水引はカットします。ループ部分のできあがり。

16 ループの先に、9でつくった頭を差し込みます。

17 頭にボンドをつけます。

18 頭に1でつくった房を差し込みます。

19 房の先を切り揃えます。

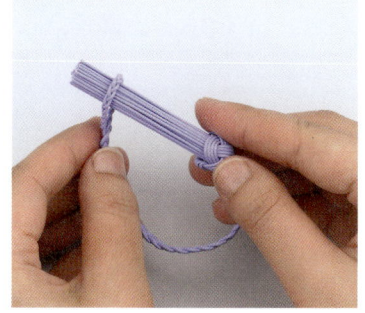

20 房をループの輪にくぐらせます。

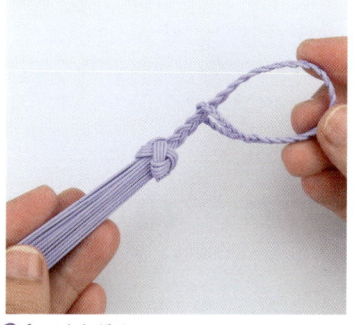

21 できあがり。

星のハットピン

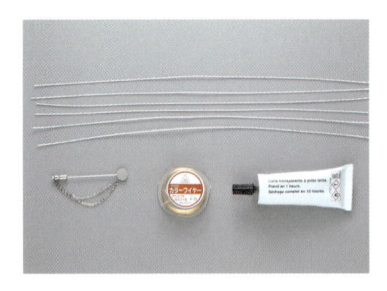

22

▶ **材料**：星…水引30cm×3本
　　　玉…水引30cm×3本
　　　ワイヤー（28号）、金属用ボンド
　　　ハットピン金具
▶ **できあがりサイズ**：幅3.8cm（星飾り部分）
▶ **基本の結び方**：
　　玉結び（▶p.18）、梅結び（▶p.20）

つくり方

1　玉用の水引で、輪の隙間が水引1本通るぐらいのあわじ結び（▶p.12）をします。

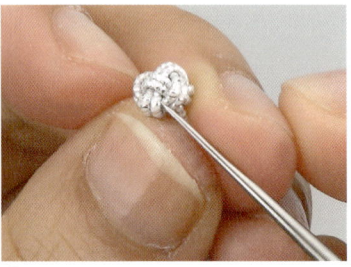

2　続けて玉結びの2～13と同様にして、全体を2重の玉にします（▶p.18）。

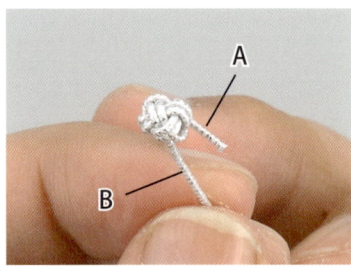

3　通し終わり（A）は、5mmほど残してハサミでカットします。

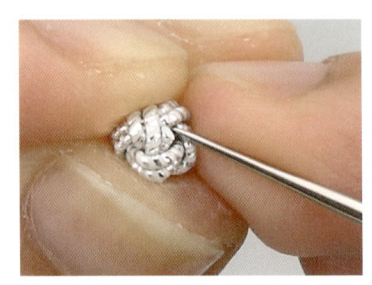

4　3のAを目打ちで玉の中に隠します。

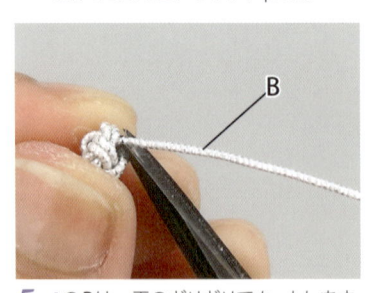

5　3のBは、玉のギリギリでカットします。

6　直径6mmぐらいの玉ができます。同様にして、3個つくります。

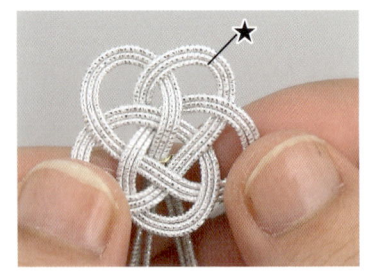

7　星用の水引で梅結び（▶p.20）をし、結び終わりは、裏側でワイヤーで留めます。

8　7の★部分を折り曲げて、角をとがらせます。

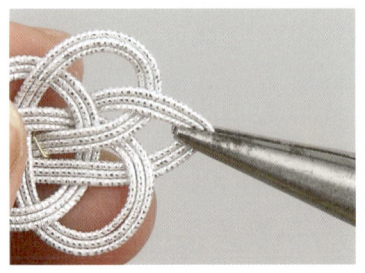

9　ペンチで、折り曲げた先を押さえて平らにします。

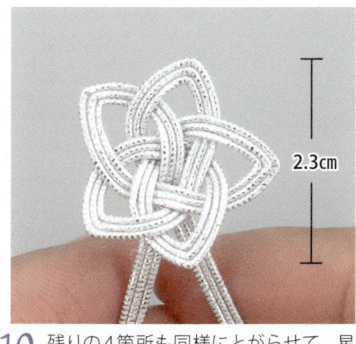

Part2 ◆ 水引でつくるかんたんアクセサリー ◆

10 残りの4箇所も同様にとがらせて、星の形に整えます。

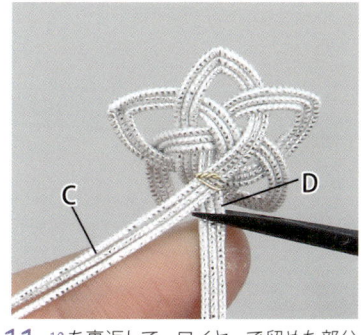

11 10を裏返して、ワイヤーで留めた部分(**D**)をギリギリでカットします。

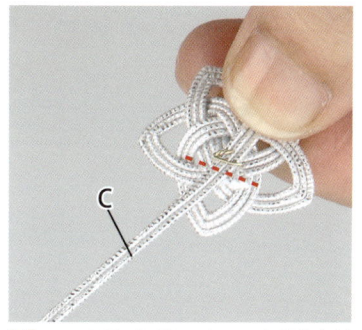

12 11の**C**は切らずに、(-----)部分を斜め上に折りあげます。

13 折り曲げた部分をペンチで押さえて固定します。

14 折り曲げたところ。

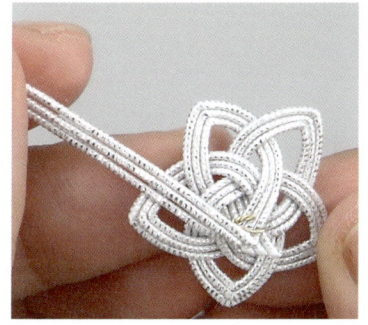

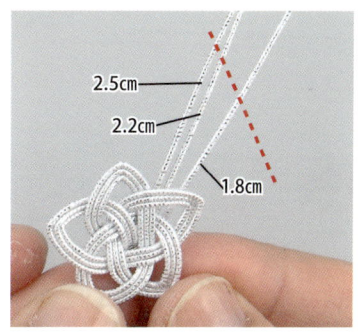

15 表に返して、(-----)部分を斜めにカットします。

16 カットした先を少し広げます。

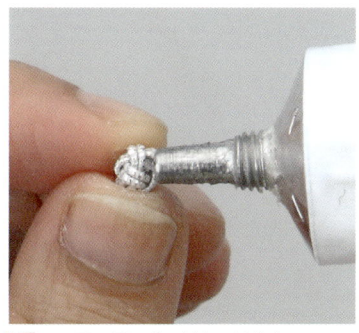

17 6の玉3個にボンドをつけます。

18 写真のように、3個の玉を接着します。

19 ボンドをハットピン金具の皿部分につけます。

20 星のパーツを貼り合わせます。

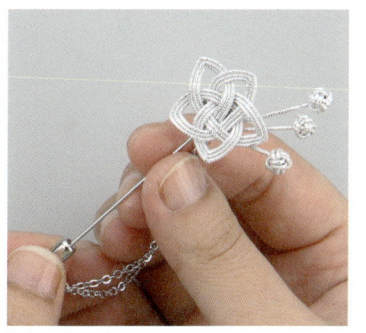

21 できあがり。

65

UFOのタックピン

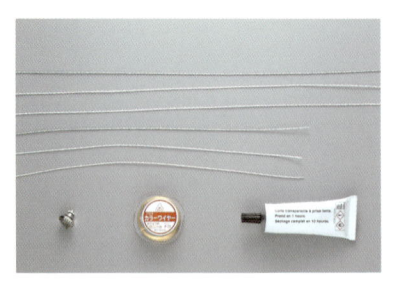

23

- ▶材料：モチーフ…水引45cm×3本（青銀1・銀2）
  玉…水引30cm×3本（青銀1・銀2）
  ワイヤー（28号）、金属用ボンド
  タックピン金具
- ▶できあがりサイズ：幅4.2cm
- ▶基本の結び方：
  平梅結び（▶p.22）、玉結び（▶p.18）

つくり方

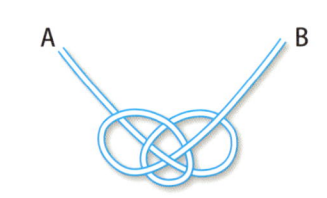

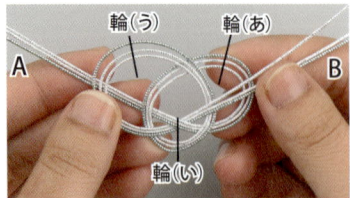

1 モチーフ用の水引3本で平梅結び（▶p.22）の1〜5と同様にします。

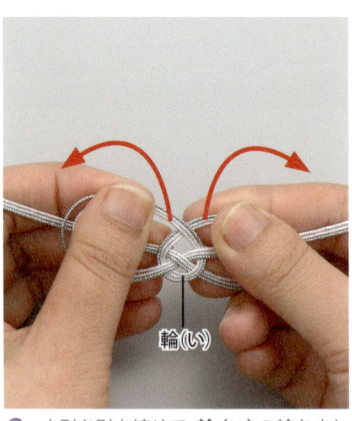

2 水引を引き締めて、輪(い)の輪を少し小さくします。

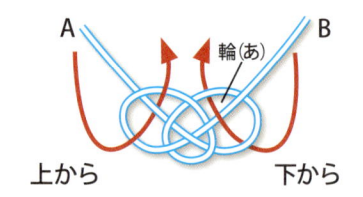

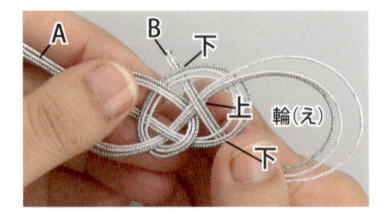

3 輪(あ)に、Bを下→上→下の順に通し、輪(え)をつくります（上図参照）。

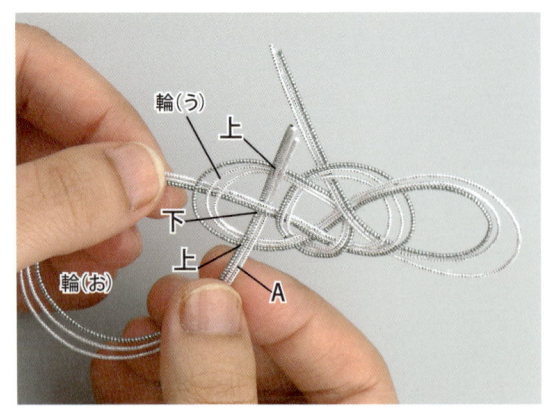

4 輪(う)に、Aを上→下→上の順に通して、輪(お)をつくります（3の上図参照）。

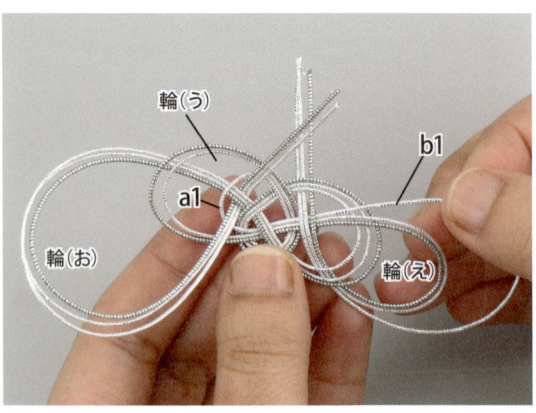

5 輪(え)の外側の水引(b1)を引くと、輪(う)の内側(a1)が小さくなります。

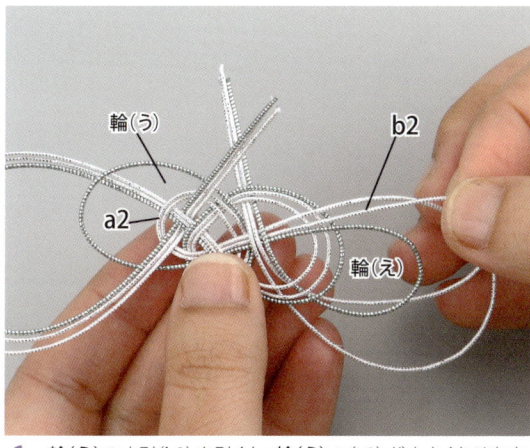

6 輪(え)の水引(b2)を引くと、輪(う)の(a2)が小さくなります。

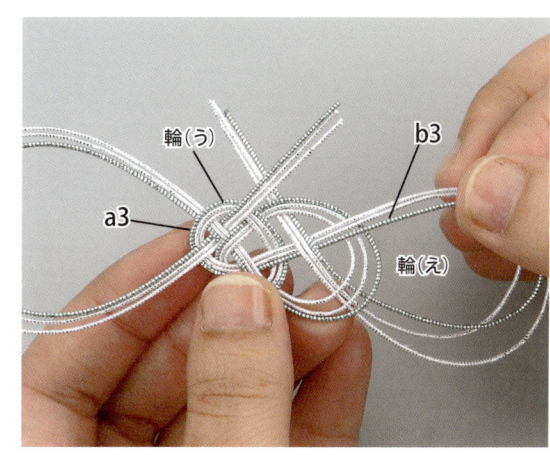

7 輪(え)の水引(b3)を引くと、輪(う)の(a3)が小さくなります。

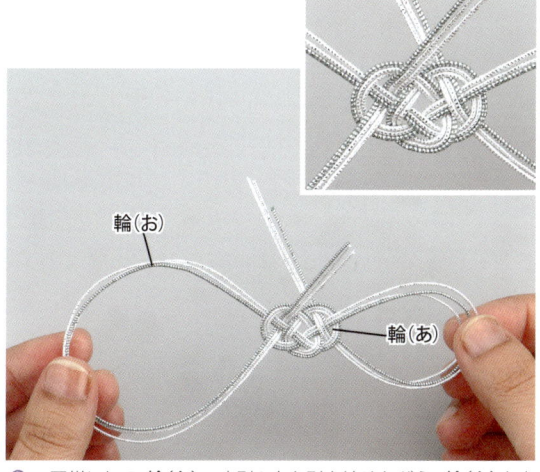

8 同様にして、輪(お)の水引3本を引き締めながら、輪(あ)を小さくします。

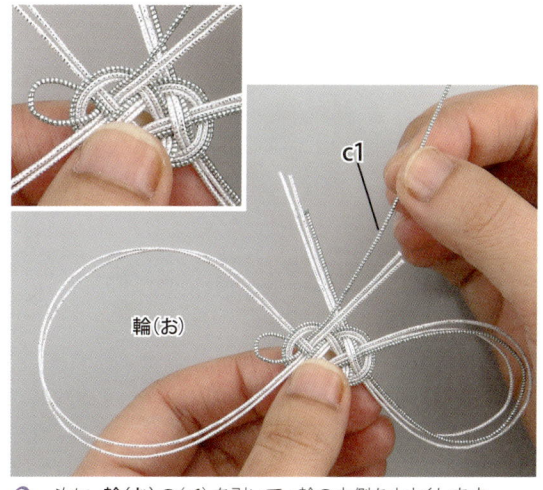

9 次に、輪(お)の(c1)を引いて、輪の内側を小さくします。

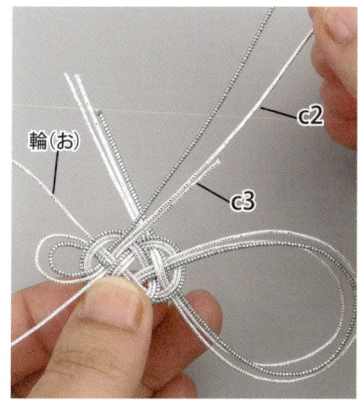

10 輪(お)の(c2)、(c3)を順に引いて、輪の内側を小さくします。輪(お)の間隔を少しあけるようにします。

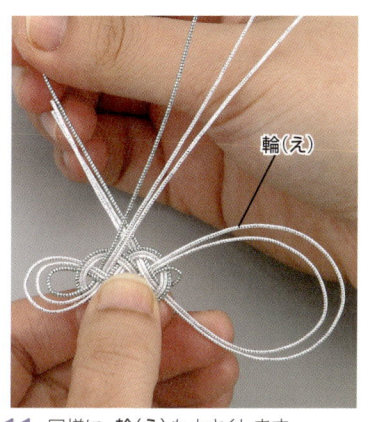

11 同様に、輪(え)も小さくします。

12 お好みですが、ここでは左右の輪の大きさのバランスを変えています。

13 右側の水引を、左の水引の斜めのラインに合わせてカットします。

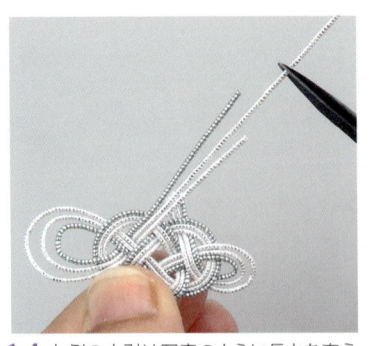

14 左側の水引は写真のように長さを変えてカットします。

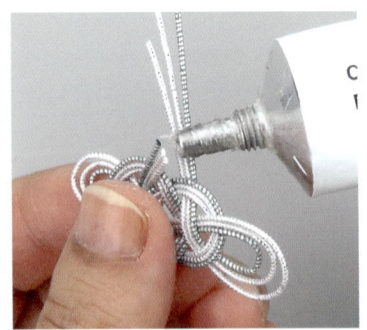

15 左右の水引が交差した部分にボンドをつけて貼り合わせます。

16 玉用の水引で玉をつくります。
2重の玉結び2個（▶p.64『星のハットピン』1～6参照）
3重の玉結び（▶p.18）1個

17 14のカットした先に、玉をボンドでつけます。

18 裏側に、タックピン金具を取り付けるためのワイヤーを通します。
裏
表から見えないように、ワイヤーを通します。

19 反対側もワイヤーを通します。

20 タックピン金具を用意します。
ピン　シャワー台

21 タックピン金具のシャワー台とモチーフをワイヤーで固定します。

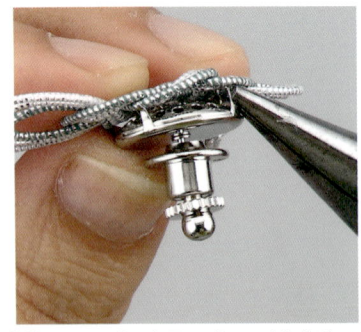

22 タックピン金具のピンの爪を曲げて、シャワー台に固定します。

23 裏側から見たところ。

24 できあがり。

Part 3

水引でつくる
インテリア小物

24

▶ つくり方
ぶどうのワインボトル飾り（24、27）→ p.72、p.75
水引のマドラー（25）→ p.76
水引のグラスマーカー（26）→ p.76

ぶどうのワインボトル飾り

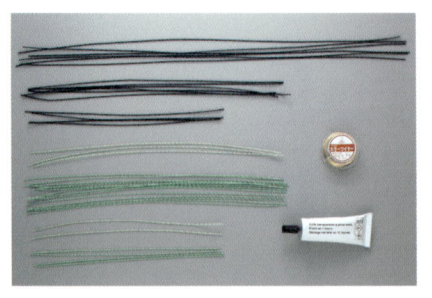

▶材料：実大…水引30cm×17本（薄緑14・薄緑金3）
実小…水引22cm×6本（薄緑3・薄緑金3）
葉大…水引30cm×3本
葉小…水引22cm×4本（2枚分）
ループA…水引45cm×3本
ループB…水引30cm×3本
葉付きツル…水引45cm×3本
ワイヤー（28号）
金属用ボンド

▶できあがりサイズ：長さ15cm

▶基本の結び方：
あわじ結び（▶p.14）、玉結び（▶p.18）、
三つ編み（▶p.26）

24

ぶどうのつくり方

1 実用の水引で、大小とも5cm残して、玉結び（▶p.18）をします（大は17個、小は2重の玉結びで6個）。

2重の玉結び（▶p.64「星のハットピン」1〜6参照）

2 玉結びを数本残して、ぶどうの房状に束ねます。根元をワイヤーで留めます。

3 1本だけ残して、他の水引は余分をカットします。

Part3 水引でつくるインテリア小物

4 数本残した玉結びをカットして玉にし、ボンドをつけます。

5 ワイヤー部分を4の玉で隠します。

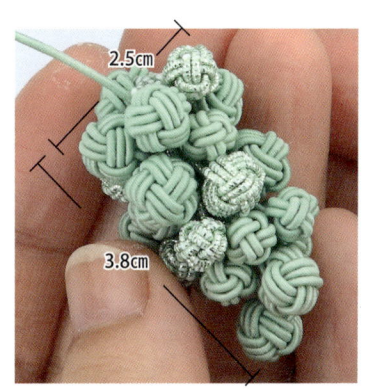

6 ぶどうの房のできあがり。

◆ ループのつくり方

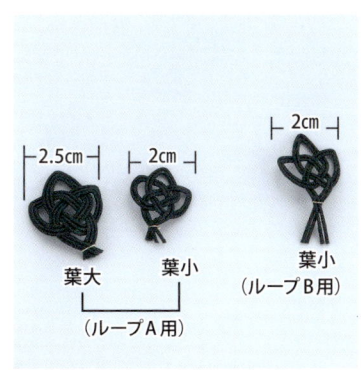

1 葉用の水引で、大・小それぞれ葉をつくります。p.34「葉のつくり方」と同じです。葉先は3枚ともとがらせます。

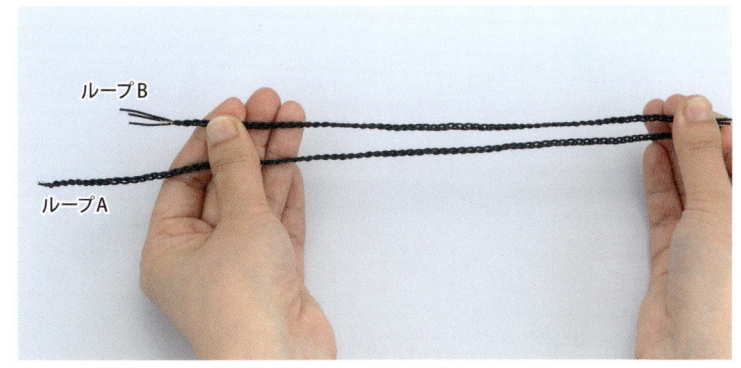

2 ループ用の水引でA、Bとも三つ編み(▶p.26)をします。

3 ループAの端を葉の穴の中に通して、ワイヤーで留めます。

4 ワイヤーで留めた部分をペンチで折り曲げて、葉を起こすようにします。

5 葉大と葉小をループAの両端に取り付けたところ。

6 ループAを交差させて、ワインボトルの首に合わせて、輪をつくります。

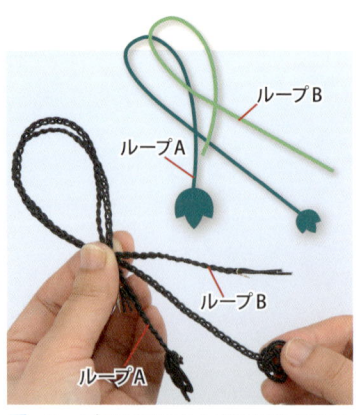

7 ループBを写真のように交差させて、輪にし、ループAの上に重ねます。

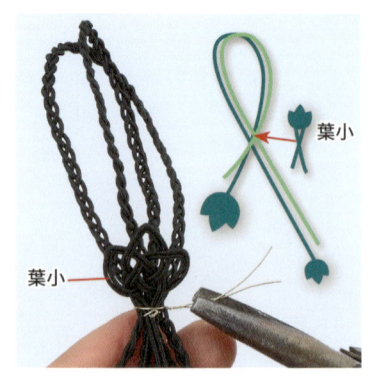

8 ループAとループBでつくった輪の重なった部分に、葉小を上向きにワイヤーで取り付けます。

9 ループBと葉小の余分な水引をカットします。

10 葉をペンチで手前に折り曲げます。

11 折り曲げたところ。

葉付きツルのつくり方

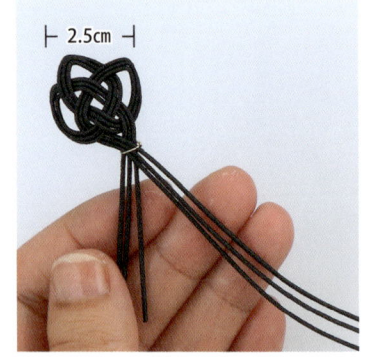

1 葉付きツル用の水引の先に、葉をつくります。長い方は、最後にくるくると巻いてぶどうのツルにします。

2 短い方を斜めにカットします。

3 葉をヤットコで手前に折り曲げます。

Part3 ◆ 水引でつくるインテリア小物

4 ループBの先にぶどうの房を当て、ぶどうをつける位置（★）を決めます。

ループB

5 ループBに、葉付きツルをワイヤーで留めます。さらに、ぶどうを葉の下に留めつけます。

ループB
葉付きツル

6 ワイヤーにボンドをつけて補強します。

7 ぶどうの余分な水引をカットします。

8 ツルの水引を長さを変えて少しカットします。

9 ツルの先を、ちり棒の溝に差し込んで巻きます（▶p.28）。

10 ツルをほぐして形を整え、先をハサミで切ります。

参考作品

ぶどうの房を紫系の水引で結び、3重の玉結びと4重の玉結びを組み合わせています。

27

75

水引のマドラー＆グラスマーカー

25 マドラー

26 グラスマーカー

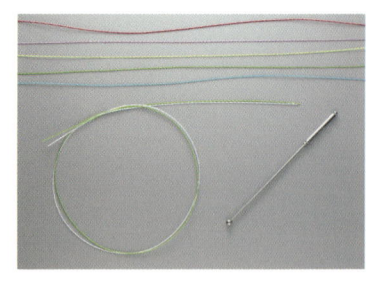

▶材料：
【マドラー(25)】
水引90cm×2本(緑1・白1)
マドラー
【グラスマーカー(26)】
水引45cm×1本(1個分)

▶基本の結び方：
グラスマーカー…玉結び(▶p.18)

マドラーのつくり方

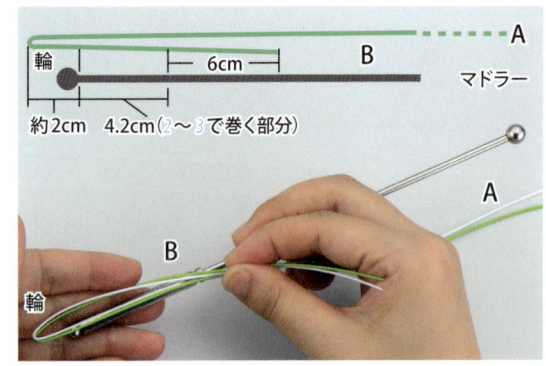

1 マドラー用の水引2本を図のように先を輪にして曲げます。マドラーより、輪の先を2cm出してあてがいます。

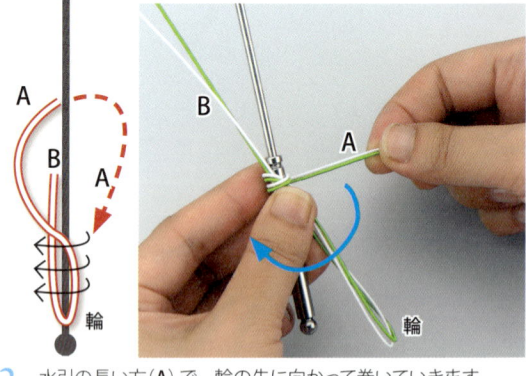

2 水引の長い方(A)で、輪の先に向かって巻いていきます。

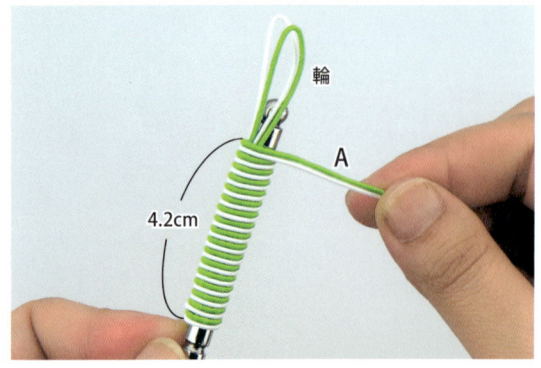

3 隙間なく、きっちりと巻きます。

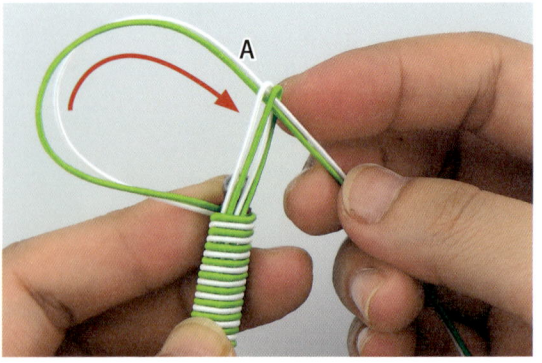

4 巻き終わりは、輪の中にAを通します。

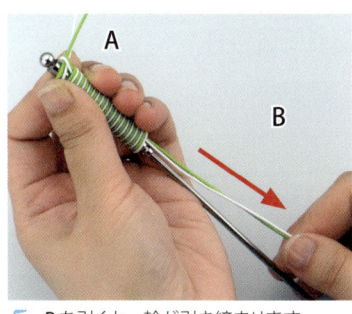

Part3 水引でつくるインテリア小物

5 Bを引くと、輪が引き締まります。

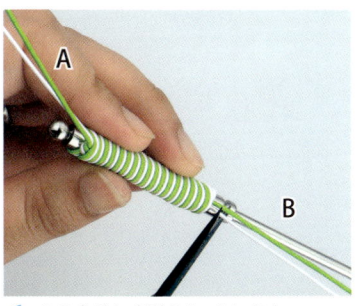

6 Bの余分な水引をカットします。

7 Aの先2本を15cmぐらいにカットします。

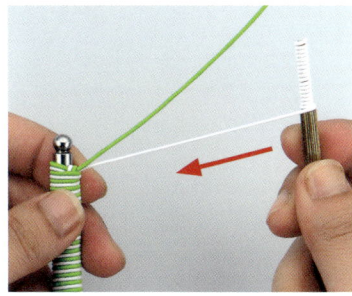

8 水引の先を、ちり棒の溝に差し込んで巻きます（▶p.28）。

9 ちり棒をはずして、ほぐします。

10 形を整えて、できあがり。

グラスマーカーのつくり方

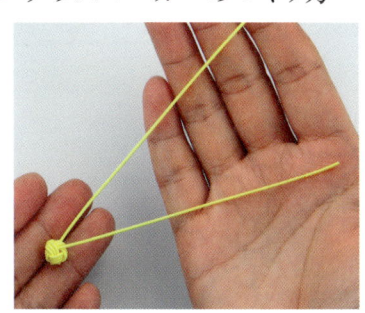

1 グラスマーカー用の水引で、両端を10cm残して玉結び（▶p.18）をします。

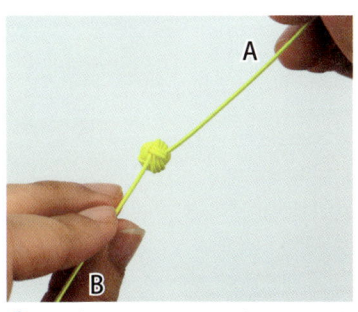

2 A、Bとも、それぞれ玉の根元まで、ちり棒を使って巻きます（▶p.28）。

3 形を整えて、できあがり。

4 玉をグラスの縁にひっかけて使います。

参考作品

水引を竹串に巻いてみました。水引のマドラーを参考につくってみてください。

72
→ p.118

77

Gallery

▶ つくり方
水引のタンポポとシロツメクサ（*28*、*29*）→ p.80
熱帯魚のモビール（*30*）→ p.82

30

水引のタンポポとシロツメクサ

29 シロツメクサ
28 タンポポ

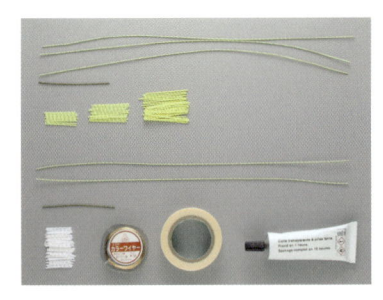

- ▶材料:【タンポポ(28)】
  花弁小(内側)…水引3cm×10本
  花弁中(中側)…水引3.5cm×15本
  花弁大(外側)…水引4cm×30本
  ガク…水引30cm×3本
  【シロツメクサ(29)】
  花弁…水引2.5cm×50本
  ガク…水引30cm×2本
  【共通】
  茎…紙巻きワイヤー(30号)(▶p.34)
  両面テープ、ワイヤー(28号)
  金属用ボンド
- ▶できあがりサイズ: 幅3cm(28)、幅1.8cm(29)
- ▶基本の結び方: 梅結び(▶p.21)

✿ タンポポのつくり方

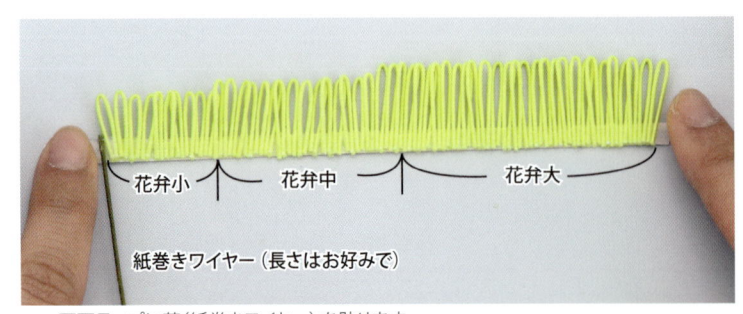

花弁小　花弁中　花弁大
紙巻きワイヤー(長さはお好みで)

1 両面テープに茎(紙巻きワイヤー)を貼ります。
花弁用の水引を半分に曲げて、小〜中〜大と貼っていきます。

2 内側からくるくると巻いていきます。

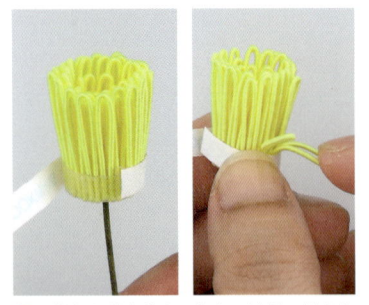

3 花弁を巻き終わったら、外側の花弁から折って、丸く広げます。

4 タンポポの花びらのように、形を整えます。

5 ガク用の水引でガクをつくります(▶p.45)「ハナミズキのヘアクリップ」16〜17参照)。

1.8cm

Part3 水引でつくるインテリア小物

6 ガクの中に収まるように、根本部分のカドを少し切ります。

7 ガクにボンドをつけて、茎に通し、タンポポの根元と貼り合わせます。

8 できあがり。

シロツメクサのつくり方

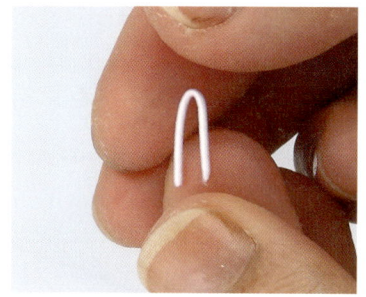

1 花弁用の水引を半分に曲げます。

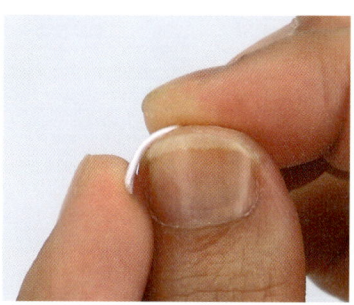

2 輪の方を、軽く折り曲げてカーブさせます。

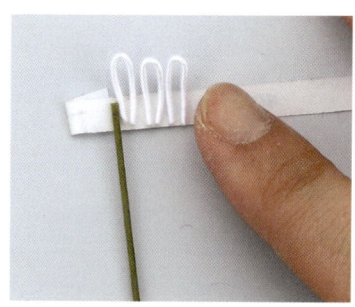

3 両面テープに茎(紙巻きワイヤー)を貼り、花弁を貼っていきます。

紙巻きワイヤー(長さはお好みで)

4 花弁は、やや間隔をあけて貼ります。

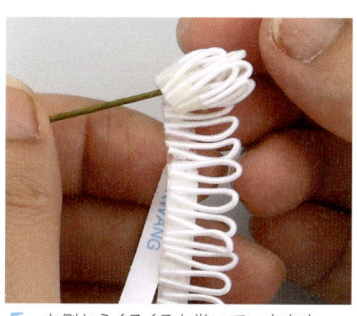

5 内側からくるくると巻いていきます。

6 少しずつ、らせん状に巻いていきます。

7 花弁の先に目打ちを当て、花弁のカーブを整えます。

8 シロツメクサのように、花の形を整えます。

9 タンポポと同様に、ガク用の水引で直径1.3cmのガクをつくり、ボンドで貼り合わせます。

81

熱帯魚のモビール

- **材料**：熱帯魚（大）…
  水引30cm×5本（紫1・黄緑4）（1匹分）
  熱帯魚（小）…
  水引30cm×4本（紫1・黄緑3）（1匹分）
  泡…水引30cm×3本（3個分）
  竹ひご、ワイヤー（28号）、テグス
  木工用ボンド
- **できあがりサイズ**：2.7×9.5cm（熱帯魚大）
- **基本の結び方**：
  あわじ結び（▶p.14）、玉結び（▶p.18）

熱帯魚をつくる

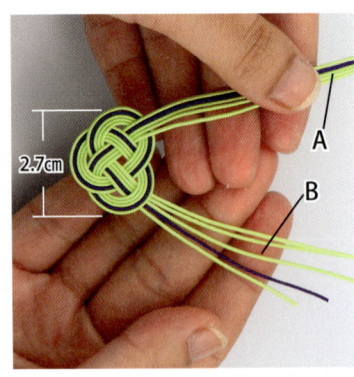

1 熱帯魚（**大**）用の水引5本で、真ん中にあわじ結び（▶p.14）をします。

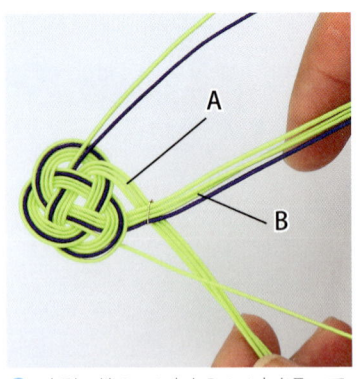

2 水引の端**A**の3本と**B**の4本を取って、交差させます。交差した部分をワイヤーで留めると、魚の尾ビレになります。

3 あわじ結びの真ん中の輪（★部分）を、4のように折り曲げて、とがらせます。

4 あわじ結びの真ん中の輪（★部分）を折り曲げているところ。

5 さらに、ヤットコで挟んで角をとがらせるように押さえます。

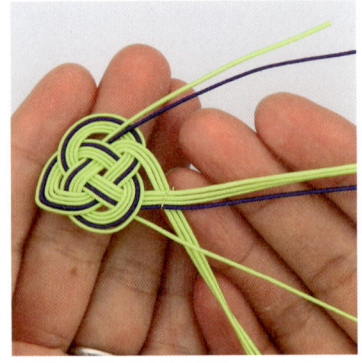

6 熱帯魚の頭ができます。

Part3 ◆ 水引でつくるインテリア小物 ◆

7 上の2本と下の1本を、斜めにカットします。魚のヒレになります。

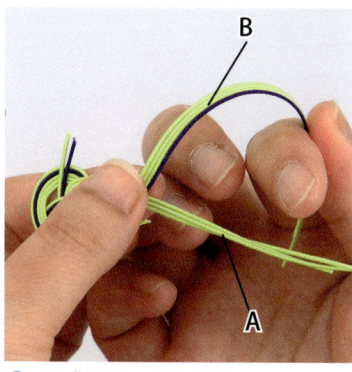

8 Bを指でカールさせます。

9 お好みの長さで斜めにカットします。

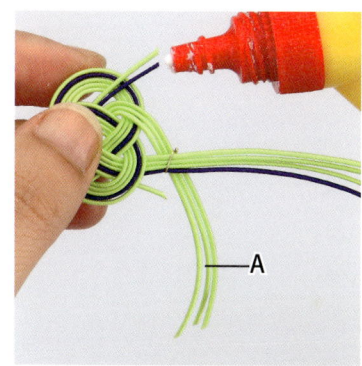

10 Aも8〜9と同様にし、7でカットしたヒレの先にボンドをつけて、ほつれ止めをします。

11 熱帯魚のできあがり。

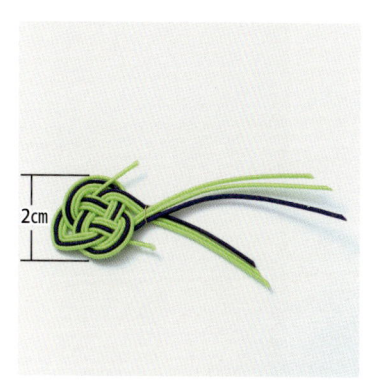

12 熱帯魚の小をつくる場合は、水引4本であわじ結びをして同様につくります。ヒレは上下とも1本ずつになります。

仕上げ

1 泡用の水引で玉結び（▶p.18）を3個つくります。

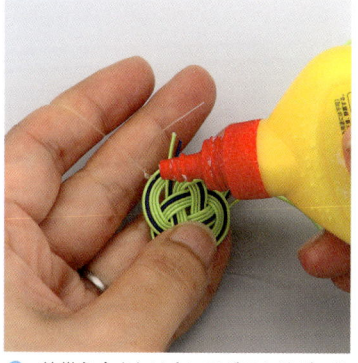

2重の玉結び1個
（▶p.64「星のハットピン」1〜6参照）

3重の玉結び2個

2 熱帯魚大または小にテグスを結び、結び目にボンドをつけてほつれ止めをします。

3 テグスに泡を通してボンドで固定し、竹ひごに結びつけます。p.79の写真を参考に、お好みの組み合わせで熱帯魚や泡を吊ってください。

Gallery

31
32
33

▶ つくり方
水引のフラワーアレンジ（ *31*、*32*、*33* ）→ p.90
あわじ結びのランプシェード（ *34*、*35* ）→ p.86、p.89

34

35

あわじ結びの ランプシェード

34

▶**材料**：
本体…水引45cm×16本（白4・黄緑4・紫8）
接合用…水引30cm×1本
玉…水引30cm×3本（白1・黄緑1・紫1）
ワイヤー（28号）、フローラテープ
木工用ボンド、LEDキャンドルランプ

▶**できあがりサイズ**：直径4cm、高さ13.8cm

▶**基本の結び方**：
2組の水引で結ぶ、あわじ結び（▶p.16）
玉結び（▶p.18）

つくり方

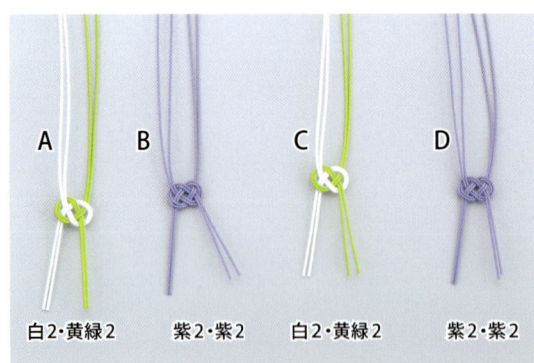

1 本体用の水引16本を2本ずつに分けます。水引の下のほうで、2組で結ぶあわじ結び（▶p.16）をします。計4個つくります。

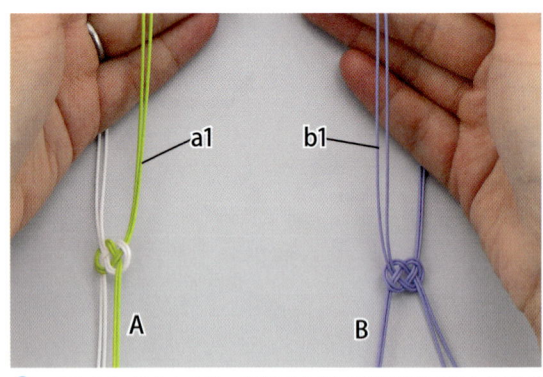

A 白2・黄緑2　B 紫2・紫2　C 白2・黄緑2　D 紫2・紫2

2 1でつくったAとBの、内側a1とb1で2組で結ぶあわじ結びをします。

3 2組で結ぶあわじ結びを結んでいるところ。

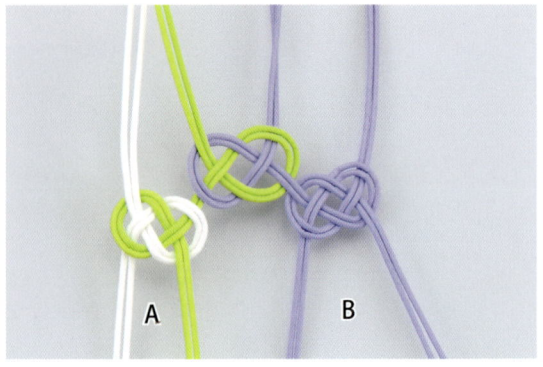

4 あわじ結びの大きさが同じぐらいになるように、調節します。

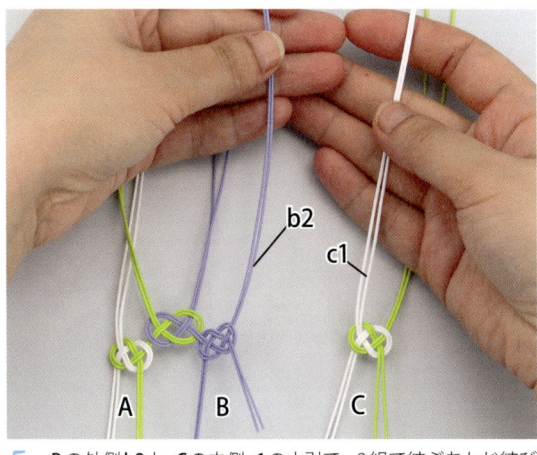

5 Bの外側b2と、Cの内側c1の水引で、2組で結ぶあわじ結びをします。

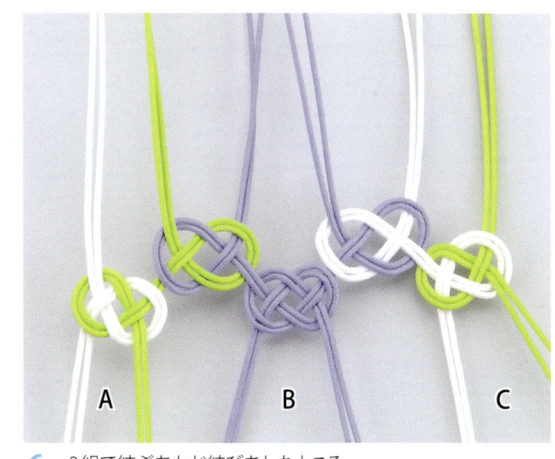

6 2組で結ぶあわじ結びをしたところ。

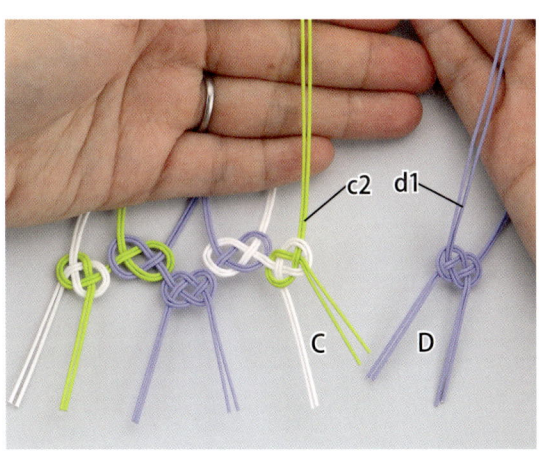

7 Cの外側c2と、Dの内側d1の水引で、2組で結ぶあわじ結びをします。

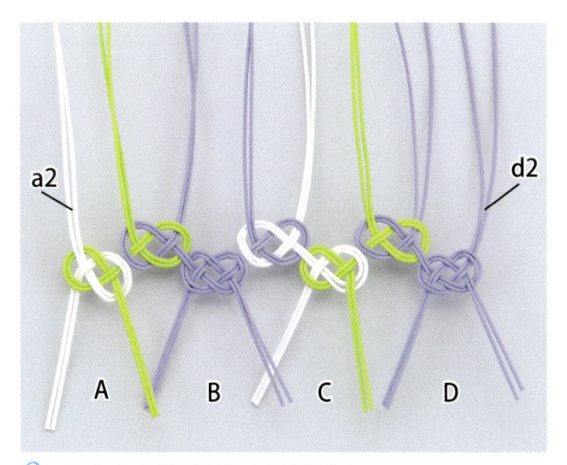

8 A、B、C、Dが横並びにつながりました。

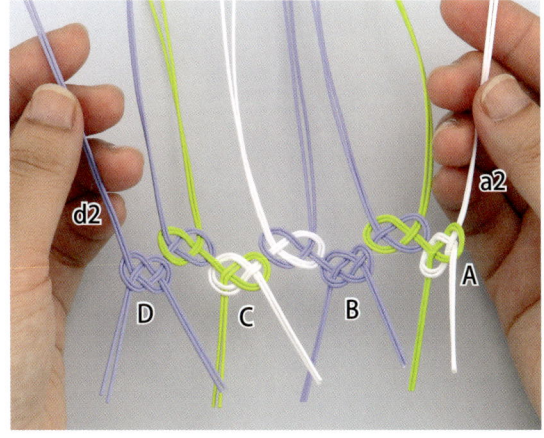

9 8を裏返します。Aの外側a2と、Dの外側d2の水引で、2組で結ぶあわじ結びをします。

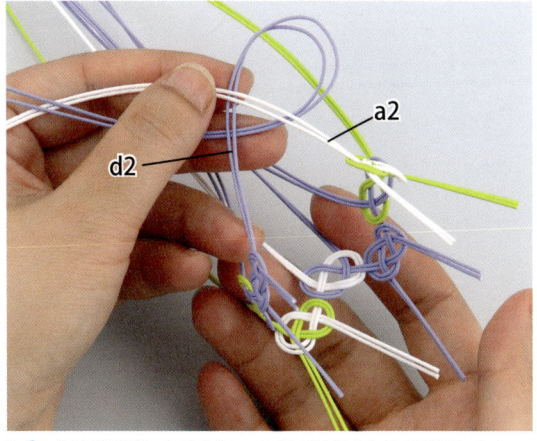

10 全体が筒状になるように、2組で結ぶあわじ結びをします。

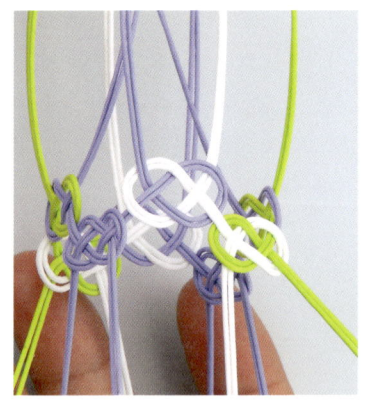

11 筒状になりました。

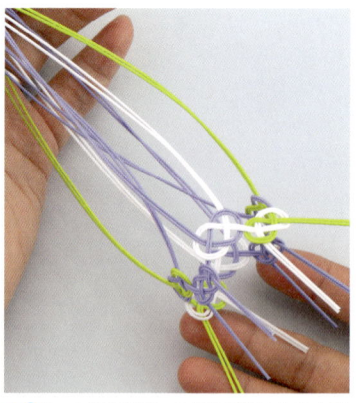

12 3〜6段目まで、同様に隣同士の水引で、2組で結ぶあわじ結びをし、円すい型につなげていきます。

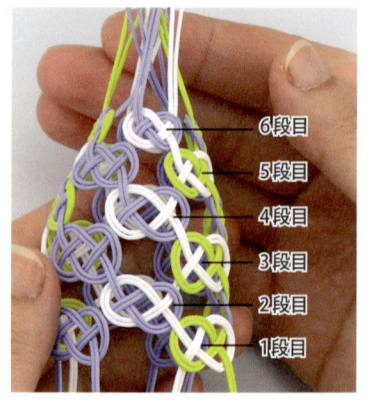

13 6段目までつなげたところ。5〜6段目は、少し小さめなあわじ結びになるようにして、すぼめます。

14 白、紫、黄緑の3本と、その他の水引とに選り分けます。

15 白、紫、黄緑の3本を残して、残りの水引を斜めにカットし、ワイヤーで留めます。

16 ワイヤーが隠れるように、フローラテープで巻き留めます。

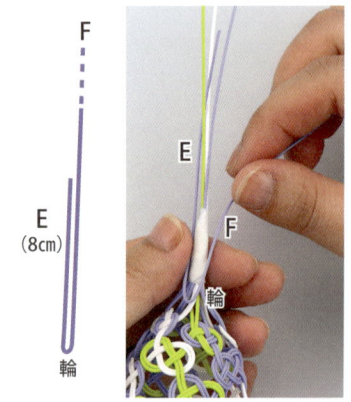

17 接合用の水引の先端を、図のように輪にします。フローラテープの上にあてがいます。

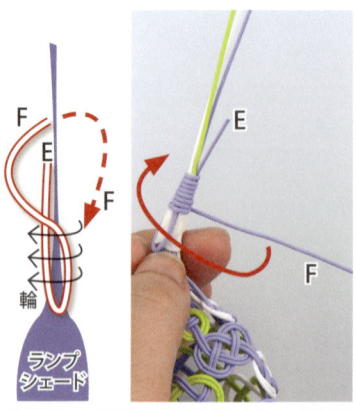

18 フローラテープを隠すように、接合用の水引Fで巻き留めます。

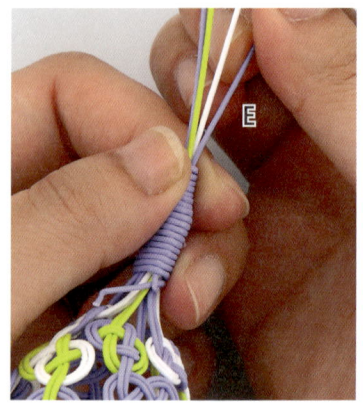

19 巻き終わりは、Fを輪の中に通して、Eを引っ張ります（▶p.76「水引のマドラー」4〜5参照）。

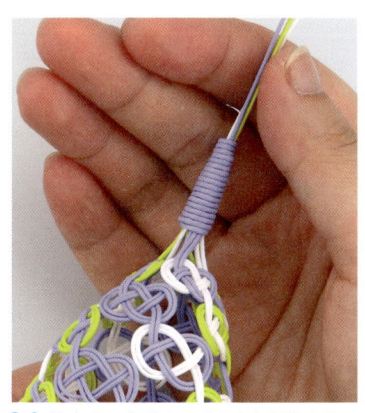

Part 3 ◆ 水引でつくるインテリア小物 ◆

20 接合用の水引は、はみ出た部分をカットします。

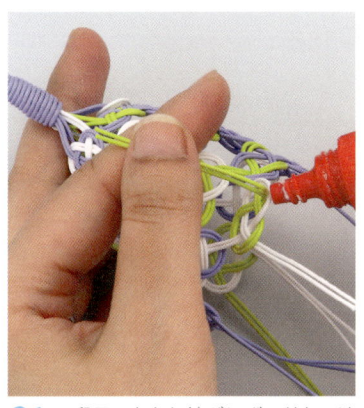

21 1段目のあわじ結びにボンドをつけて、固定します。

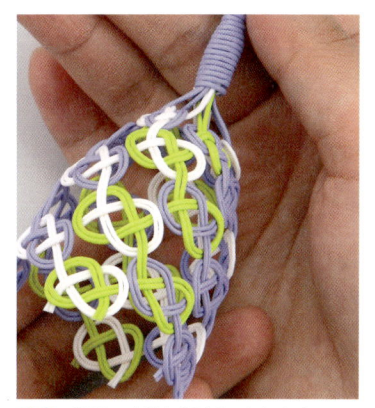

22 1段目の水引を短くカットします。

23 白、紫、黄緑の3本を長さを変えて、カットします。

24 玉用の水引で玉結び（▶p.18）の玉をつくります。23の先にボンドで固定します。

3重の玉結び 1個

2重の玉結び2個（▶p.64「星のハットピン」1～6参照）

25 できあがり。LEDキャンドルにかぶせてご使用ください。

参考作品

あわじ結びを5段つなげて、まとめています。

35

89

水引のフラワーアレンジ

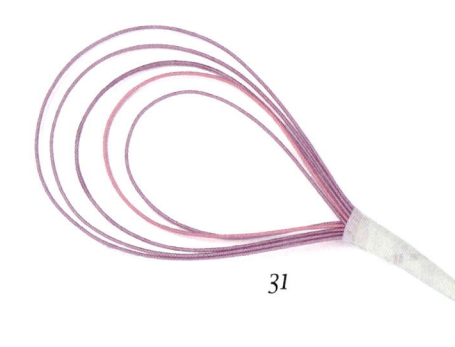

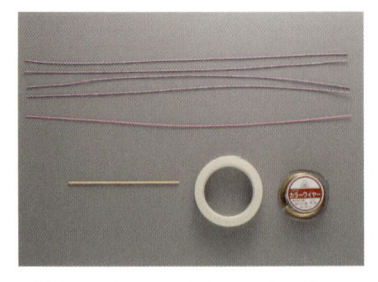

31

▶**材料**：水引30cm×5本（活ける花のボリュームに合わせてください）
フローラテープ
ワイヤー（28号）
竹ひご

▶**できあがりサイズ**：6×9cm（飾り部分）

つくり方

1 水引5本でしずく型の輪をつくります。輪の大きさを小〜大へと変化をつけてまとめます。

2 交差した部分をワイヤーで留めます。

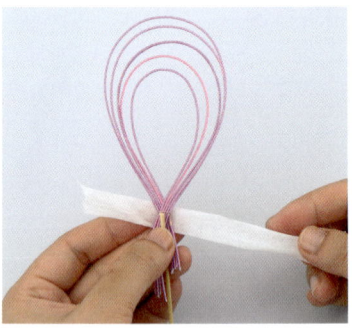

3 竹ひごをあてがい、フローラテープで巻き留めます。

4 できあがり。竹ひごの長さは、花瓶の長さに合わせて調節してください。

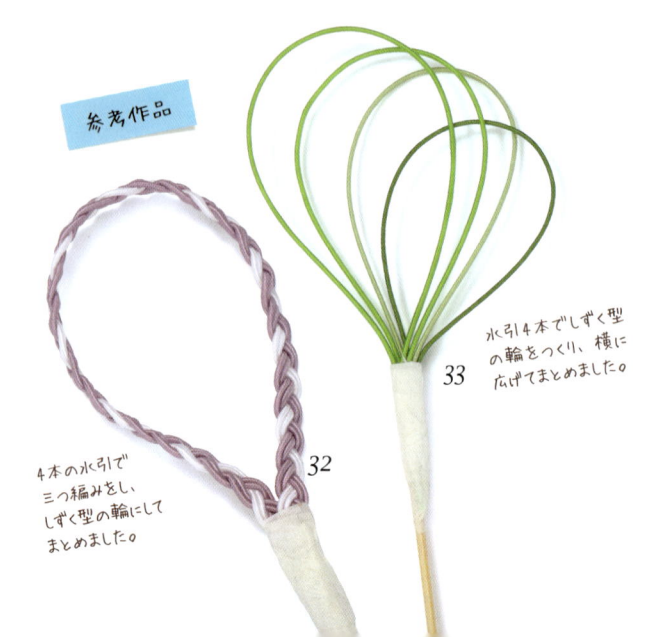

参考作品

32 4本の水引で三つ編みをし、しずく型の輪にしてまとめました。

33 水引4本でしずく型の輪をつくり、横に広げてまとめました。

Part 4

**水引でつくる
祝い袋とラッピング**

36

37

Part 4 水引でつくる祝い袋とラッピング

38

39

▶つくり方
カジュアルな祝儀袋A (37) → p.94
カジュアルな祝儀袋B (36) → p.96
着物のポチ袋A (39) → p.97
着物のポチ袋B (38) → p.99

カジュアルな祝儀袋

カジュアルな
祝儀袋A
37

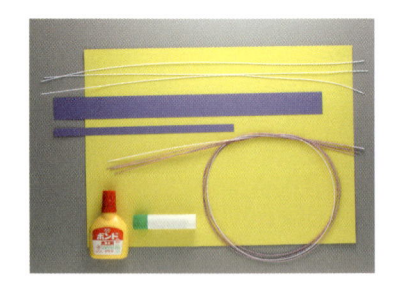

- **材料**：梅大…水引90cm×5本(白1・紫4)
  梅小…水引45cm×3本
  のし…水引10cm×2本
  洋紙(祝儀袋)…39.5×27.7cm
  洋紙(端紙)…37.5×3cm
  和紙(帯)…1×24.5cm
  木工用ボンド、スティックのり
- **できあがりサイズ**：10×18cm
- **基本の結び方**：平梅結び(▶p.22)

つくり方

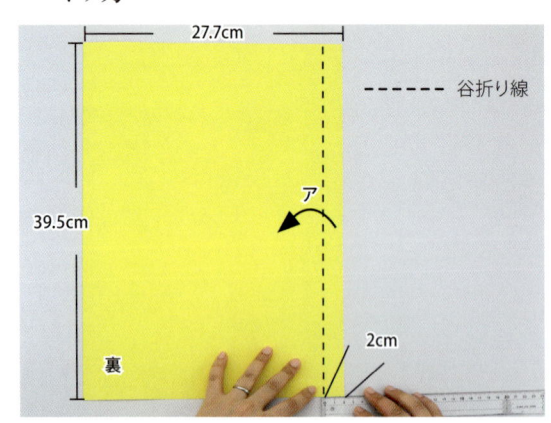

1. 祝儀袋用の紙を、紙の裏を上にしてアの折り線を折ります。

2. アを折ったところ。

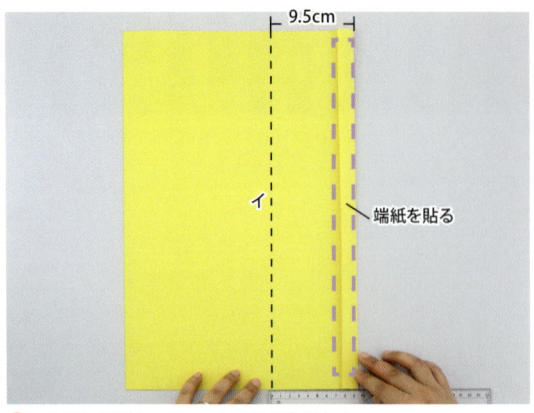

3. 右端に端紙をスティックのりで貼ります。

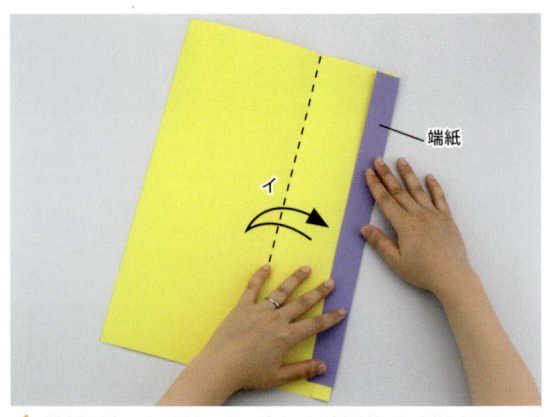

4. 端紙を貼っているところ。次にイの折り線で、折りすじをつけます。

Part 4 ◆ 水引でつくる祝い袋とラッピング ◆

5 イを折っているところ。元に戻します。

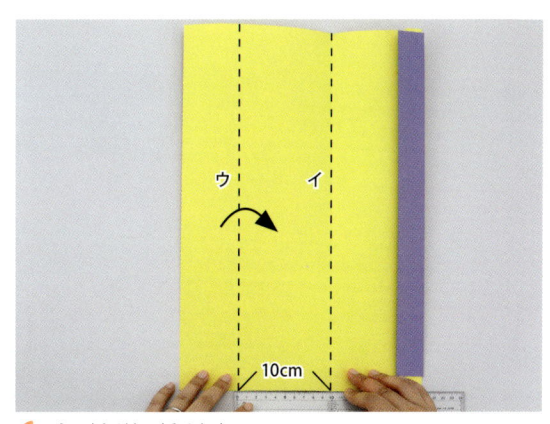

6 ウの折り線で折ります。

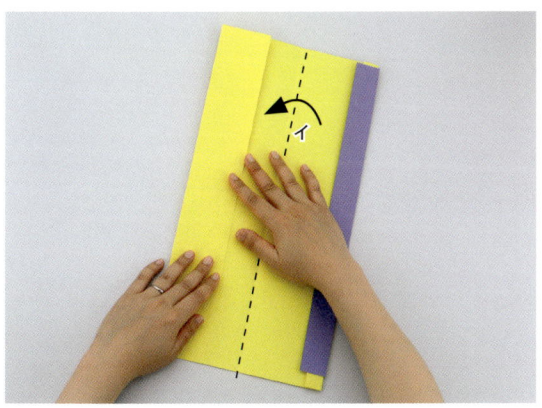

7 ウを折ったところ。イの折り線で折ります。

8 端紙が少しのぞく感じです。

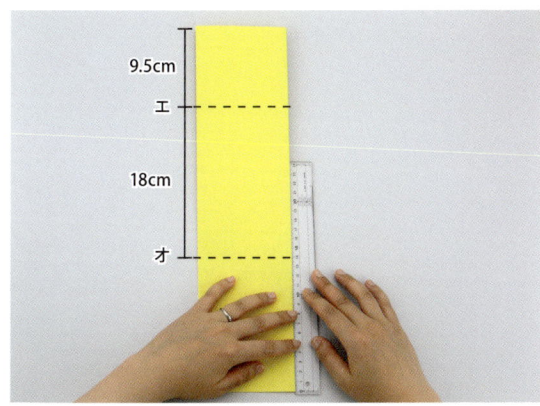

9 8を裏返して、エ→オの順に折ります。

10 ご祝儀袋など、お祝い事に使用する祝い袋の場合は、必ず下端が上になるように重ねます。弔事の場合は、逆になるので注意しましょう。

95

カジュアルな祝儀袋Aに水引を結ぶ

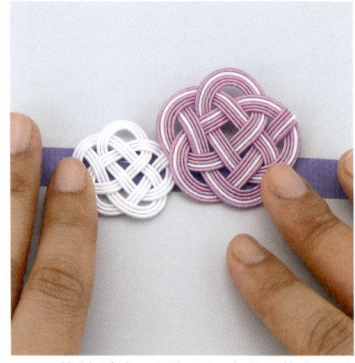

1 平梅結び（▶p.22）で、大小の梅をつくり、和紙の帯にボンドで貼ります。

2 祝儀袋の真ん中に1をあてがい、帯の位置を決めます。

3 祝儀袋の裏側で帯をスティックのりで貼り合わせます。

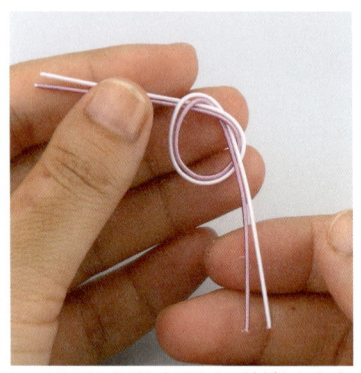

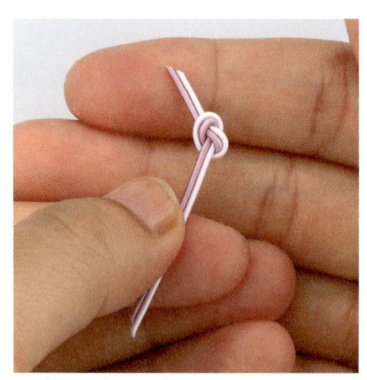

4 のし用の水引2本でひとつ結びをします。

5 端は形良く切り揃えます。

6 のしをボンドで貼りつけて完成。

参考作品

赤の帯に、水引で結んだ鶴を貼りました。
鶴のつくり方はp.134参照。

カジュアルな祝儀袋B

Memo
ここで紹介する祝儀袋は、略式のカジュアルな結婚祝い用です。目上の方へ向けた御祝いや、フォーマルな結婚式へのお祝いには失礼にあたる場合もありますので、TPOに合わせてお使いください。

36

着物のポチ袋

39 着物のポチ袋A

38 着物のポチ袋B

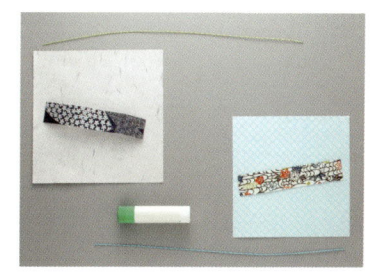

▶ **材料：【共通】**
水引30cm×1本
和紙（ポチ袋本体）…16×16cm
和紙（帯）…2.5×16cm
スティックのり

▶ **できあがりサイズ：** 5.6×7.8cm

▶ **基本の結び方：**
こま結び（▶p.11）、あわじ結び（▶p.12）

--------- 谷折り線
—・—・— 山折り線

着物のポチ袋の折り方（A・B共通）

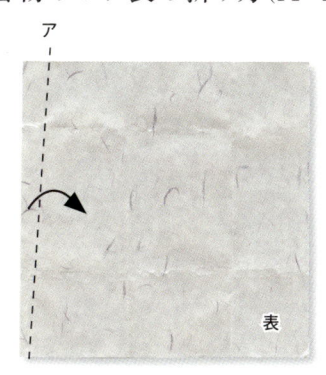

1 紙の表を上にして、左端**ア**をすこし斜めに折ります。

2 折ったところ。裏返します。

3 **イ→ウ**の順に折ります。

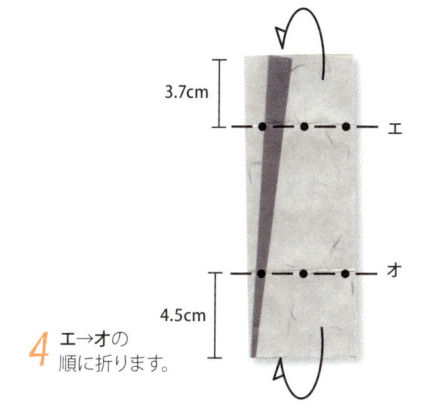

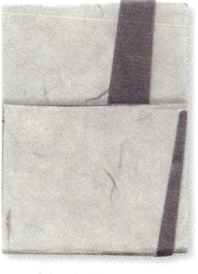

4 **エ→オ**の順に折ります。

5 折ったところ。裏返します。

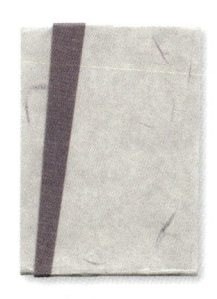

6 ポチ袋のできあがり。

97

着物のポチ袋Aに水引を結ぶ

1 ポチ袋を用意します。

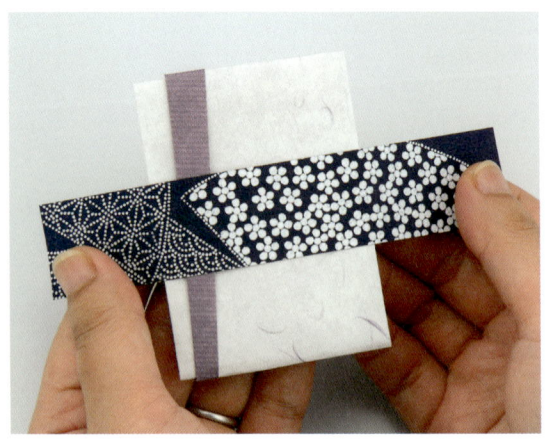

2 ポチ袋に和紙の帯を巻きます。

3 裏側で、帯をスティックのりで貼り合わせます。

4 帯の真ん中に水引を巻き、こま結び(▶p.11)をします。

5 水引の端は、裏側に差し込み、余分はカットします。

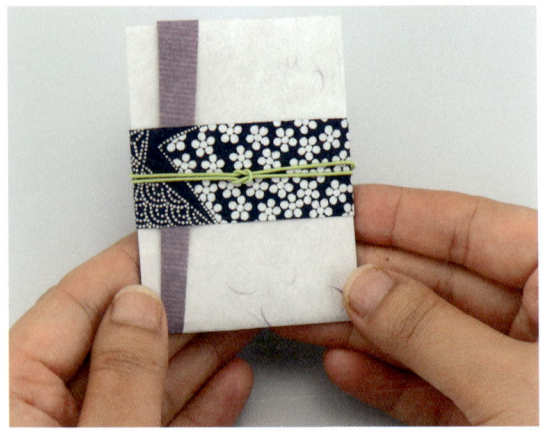

6 形を整えてできあがり。

着物のポチ袋Bに水引を結ぶ

1 ポチ袋Aと同様に、ポチ袋に帯を巻きます。

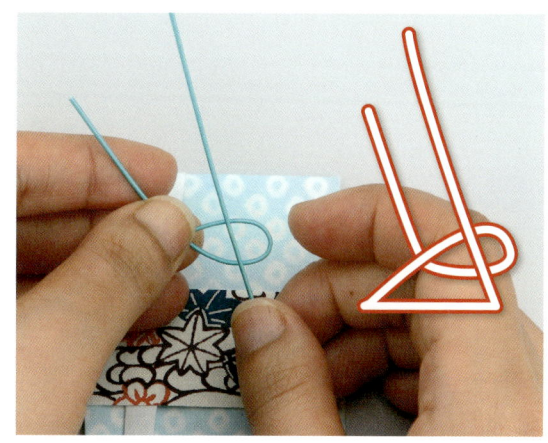

2 帯の真ん中に、あわじ結び(▶p.12)をします。図のように、左側に輪をつくります。

3 水引の通し方は、基本のあわじ結びと同じです。

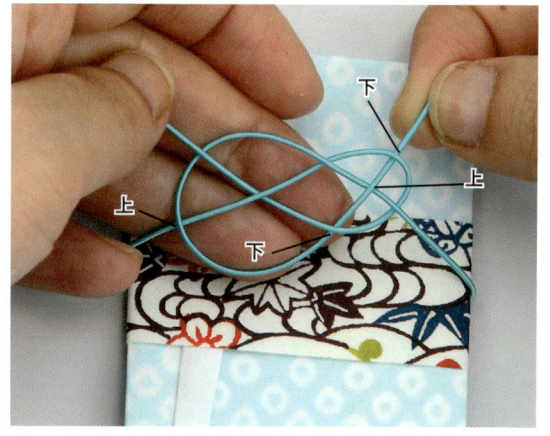

4 2でつくった輪の中に上→下→上→下の順で通します。

5 あわじ結びを小さく整えます。

6 両端の先を、4mmぐらいの長さに切り揃えます。

Gallery

40

41

42

▶つくり方
バースデーカード（40）→ p.102
蝶々のカード（41）→ p.104
金魚のカード（42）→ p.105

▶つくり方
ギフトバッグ（43）→ p.106
ハートのカード（44）→ p.106

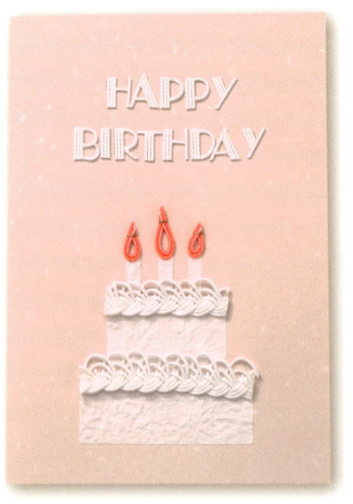

バースデーカード

40

▶材料：炎…水引30cm×2本（濃ピンク1・淡ピンク1）
　　　クリーム…水引22cm×9本
　　　文字…水引15cm×4本
　　　和紙（ケーキとろうそく）…2×11cm
　　　二つ折りカード 15×21cm
　　　ワイヤー（28号）、両面テープ
　　　木工用ボンド、スティックのり
▶できあがりサイズ：10.5×15cm
▶基本の結び方：三つ編み（▶p.26）

バースデーカードのつくり方

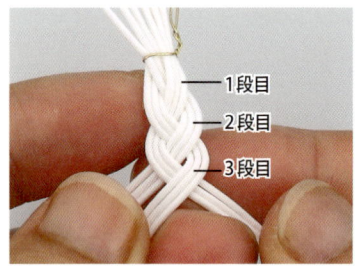

1 クリーム用の水引を3本ずつ3組に分けて三つ編み（▶p.26）を3段編みます。

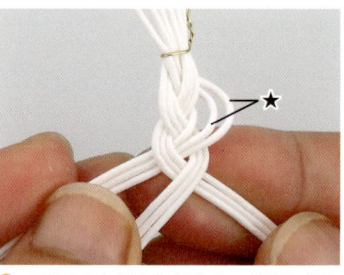

2 2段目の右側2本（★）を、外側に押し出すようにしてレース状にします。

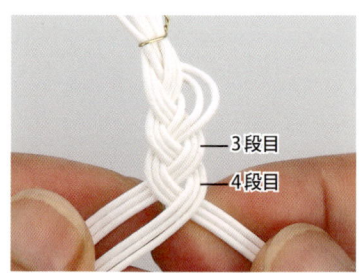

3 つづけて4段目まで編みます。

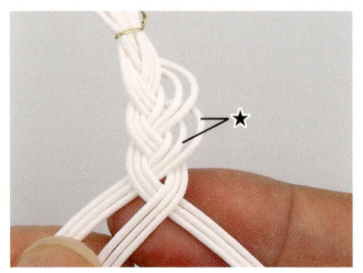

4 2と同様に、3段目の右側2本（★）を外側に押し出してレース状にします。

5 1〜4を繰り返して、レース状の三つ編みをします。

6 編み始めと、編み始めから6cmの部分、編み終わりの3箇所にボンドをつけてほつれ止めをします。

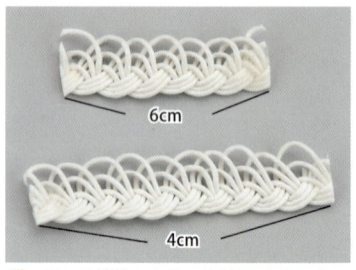

7 ボンドが乾いたら、写真のようにカットします。クリームのできあがりです。

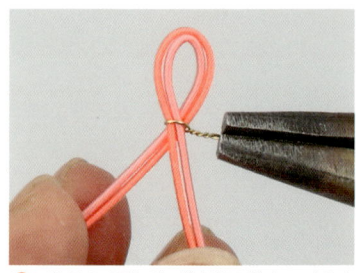

8 炎用の水引でしずく型の輪をつくります。両端は交差させて、ワイヤーで留めます。サイズ違いで3個つくります。

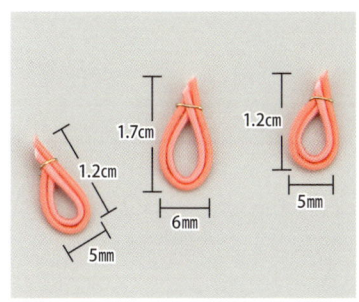

Part4 水引でつくる祝い袋とラッピング

9 ろうそくの炎を表現するため、水引の端は斜めにカットします。

10 文字の型紙（上図）を原寸コピーします。

11 コピーした型紙を、カードの上からボールペンなどでなぞります。

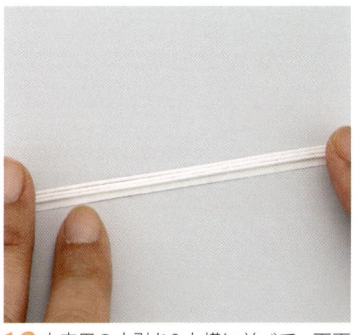

12 文字用の水引を3本横に並べて、両面テープに貼りつけます。

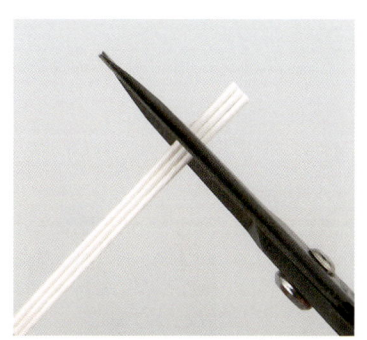

13 文字に合わせて水引をカットします。

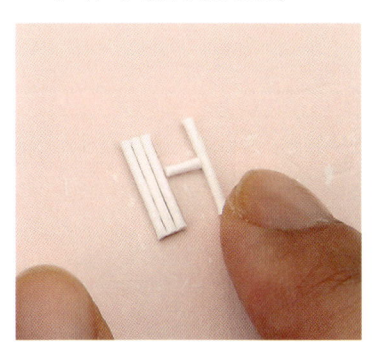

14 ボールペンでつけた跡を目安にして、水引を貼ります。細い部分は、水引をそのままカットし、ボンドで貼ります。

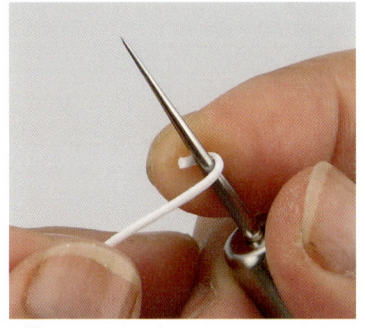

15 PやBのカーブした部分は、目打ちで水引の先を丸くカーブさせます。

16 文字の大きさに合わせてカットします。

17 文字に当てて、水引の長さを調節しながらボンドで貼っていきます。

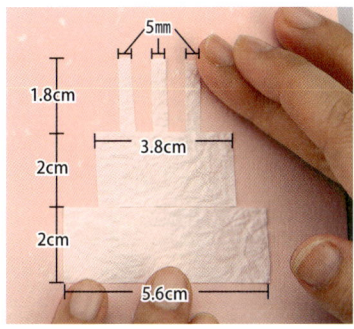

18 文字部分を貼り終えたら、ケーキとろうそく用の和紙を切って貼ります。

19 炎とクリームを、ボンドで貼って完成です。

103

蝶々のカード

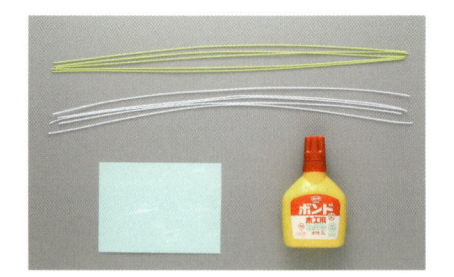

41

- ▶ 材料：蝶(2匹分)…水引30cm×8本(白4・黄4)
  触角(2匹分)…水引30cm×2本(白1・黄1)
  カード…7.5×10.5cm、木工用ボンド
- ▶ できあがりサイズ：7.5×10.5cm
- ▶ 基本の結び方：
  2組の水引で結ぶ、あわじ結び(▶p.16)

蝶々のカードのつくり方

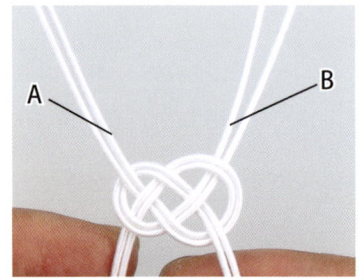

1 蝶用の水引を2本ずつ2組に分けて、2組で結ぶあわじ結び(▶p.16)をします。

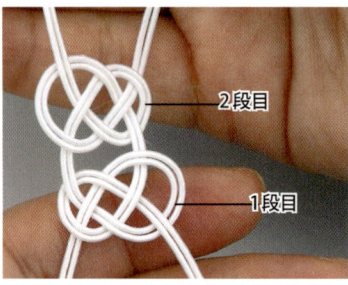

2 1のAとBで、もう一度、2組で結ぶあわじ結びをします。

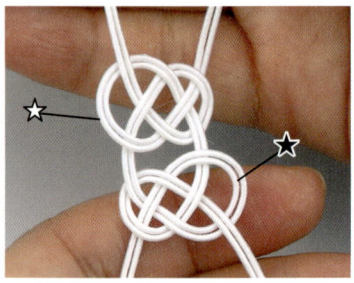

3 1段目は右(★)が大きく、2段目は左(☆)が大きくなるように輪を調節します。

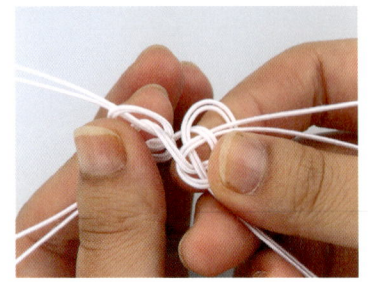

4 1段目と2段目の真ん中をねじります。

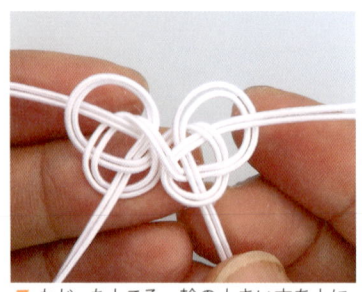

5 ねじったところ。輪の大きい方を上にすると、蝶の羽になります。

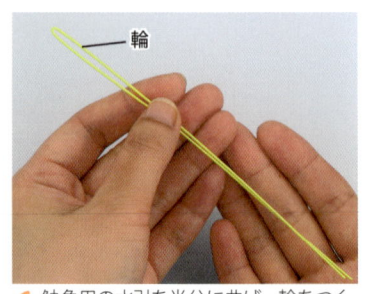

6 触角用の水引を半分に曲げ、輪をつくります。

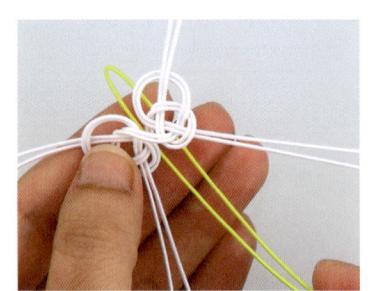

7 触角用の水引の上に5の羽をあてがいます。触角用の水引を、輪の中に通して引き抜きます(8参照)。

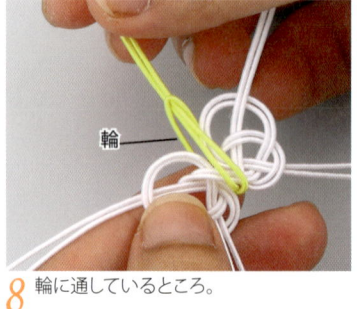

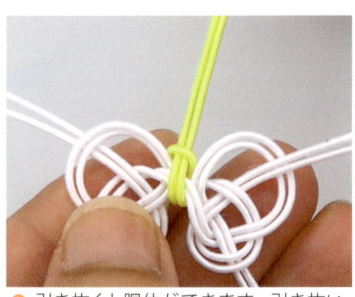

8 輪に通しているところ。

9 引き抜くと胴体ができます。引き抜いた先を触角にします。

Part 4 水引でつくる祝い袋とラッピング

10 触角の先で、それぞれひとつ結びをします。お好みの長さにしてください。

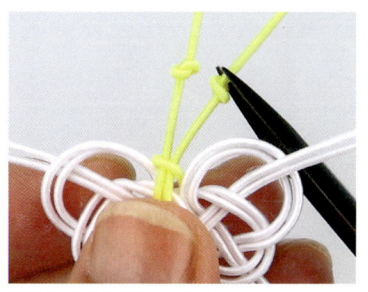

11 余分な水引をカットします。

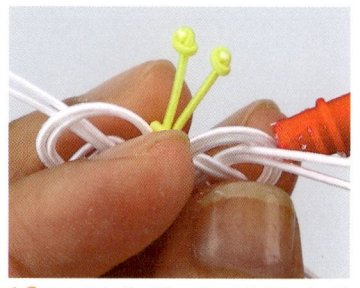

12 羽の間など、浮いている部分をボンドで固定します。

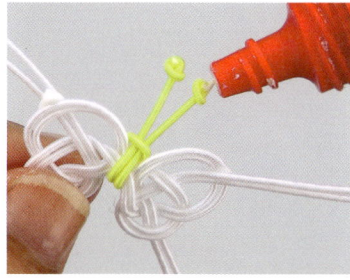

13 触角の先にも、ボンドをつけてほつれ止めをします。

14 ボンドをつけたら、羽の余分な水引をカットします。

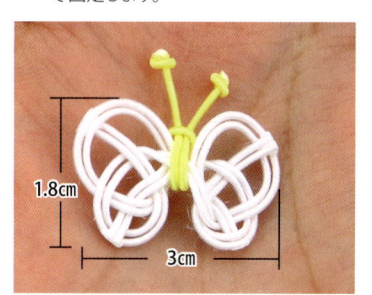

15 蝶のできあがり。
1.8cm　3cm

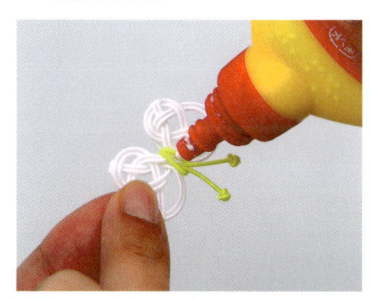

16 蝶の胴体部分にボンドをつけます。

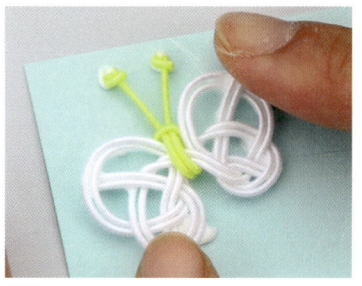

17 カードに貼ります。

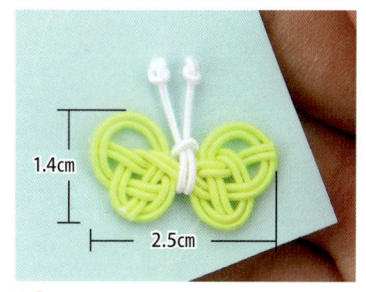

18 黄色い蝶も同様にしてつくります。白い蝶よりも、羽の水引を引き締めて小さく仕上げています。
1.4cm　2.5cm

参考作品

水草の丸いカーブは、目打ちで丸みをつけてから貼っています（P.103「バースデーカード」15〜17参照）。

42 金魚のカード

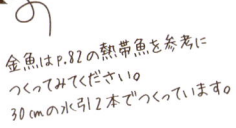

金魚はP.82の熱帯魚を参考につくってみてください。30cmの水引2本でつくっています。

ギフトバッグ&ハートのカード

バレンタインに、ギフトバッグにはプレゼントを入れて、カードにはメッセージを添えて贈りましょう。

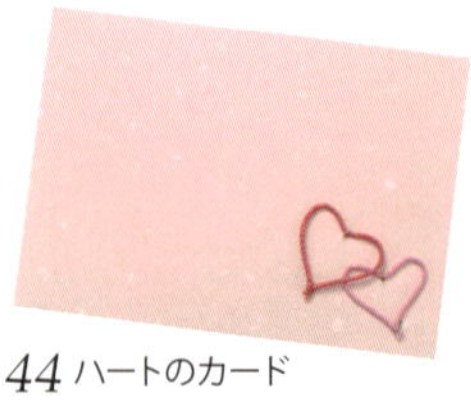

43 ギフトバッグ

44 ハートのカード

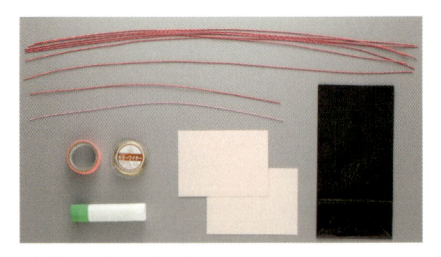

▶ **材料**：【ギフトバッグ(43)】
持ち手…水引30cm×6本、リボン…水引30cm×1本
角底ギフトバッグ…9×17.7cm
【ハートのカード(44)】
ハート…水引22cm×2本
カード…7.5×10.5cm×2枚
ワイヤー(28号)、マスキングテープ
スティックのり

▶ **できあがりサイズ**：9×10cm(43)、7.5×10.5cm(44)

▶ **基本の結び方**：蝶結び(▶p.10)、三つ編み(▶p.26)

ハートのカードのつくり方

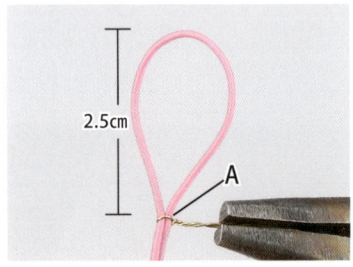

1 ハート用の水引でしずく型の輪をつくり、ワイヤーで留めます。

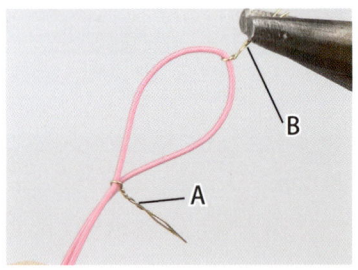

2 輪の真ん中**B**にワイヤーをねじり留めます。

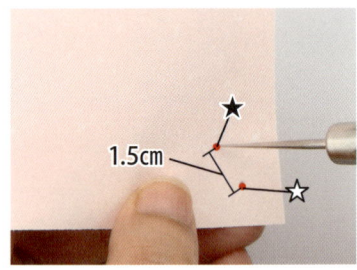

3 カードの端に間隔をあけて、目打ちで2箇所(★、☆) 穴をあけます。

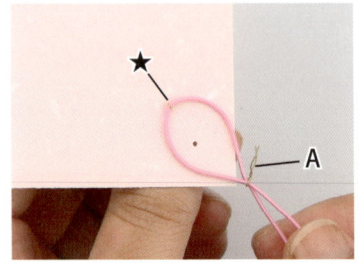

4 2の輪に取り付けたワイヤー**B**を★の穴に差し込みます。

5 ワイヤー**A**を☆の穴に差し込みます。

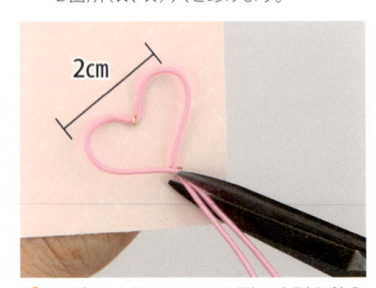

6 写真のように、ハート型に水引を整えて、余分な水引はカットします。

7 同様にして、ハートをもう1個つけます。差し込んだワイヤーは、カードの裏側でマスキングテープで固定します(*8*参照)。

8 もう一枚のカードをスティックのりで貼り合わせます。

9 できあがり。

ギフトバッグのつくり方

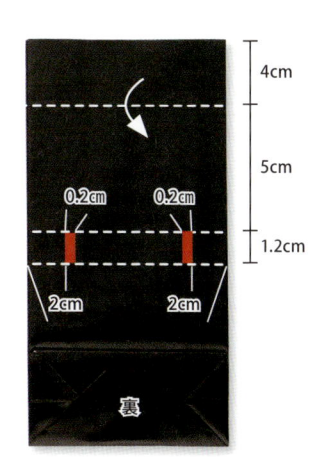

― ― ― ― ― 谷折り線

1 ギフトバッグに左図のように、折りすじをつけます。

2 図の■の部分は、カッターで四角く切り抜き、穴をあけます。

3 袋の表側の、下から3cmのところ（★と★の2箇所）に目打ちで穴をあけます。

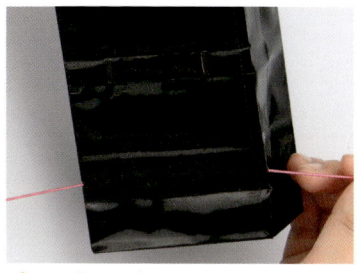

4 3の穴にリボン用の水引を通します。この時点でプレゼントを中に入れます。

5 持ち手用の水引6本を2本ずつに分け、13cmの三つ編み（▶p.26）をします。

6 2であけた穴に持ち手を差し込みます。

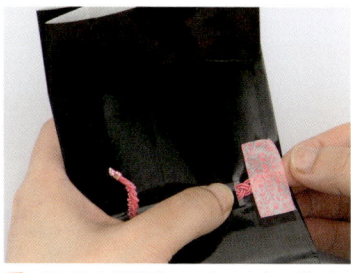

7 差し込んだ部分は、左右とも、袋の両端にマスキングテープで固定します。

8 折り線通りにふたを折ります。

9 リボン用の水引で蝶結び（▶p.10）をします。

10 端はお好みの長さで切り揃えます。

11 できあがり。

Part 4 水引でつくる祝い袋とラッピング

Gallery

45
46
47
48
49
50
51
52
53
54
55
56

▶つくり方
十二支のポチ袋（45〜56）→ p.109

十二支のポチ袋

45

- **材料**：ねずみ…水引45㎝×1本
  和紙（ポチ袋）…B5(25.7×18.2㎝)
  ワイヤー28号、木工用ボンド
- **できあがりサイズ**：6.2×10.1㎝

- － － － － － 谷折り線
- －・－・－・－ 山折り線

十二支のポチ袋の折り方

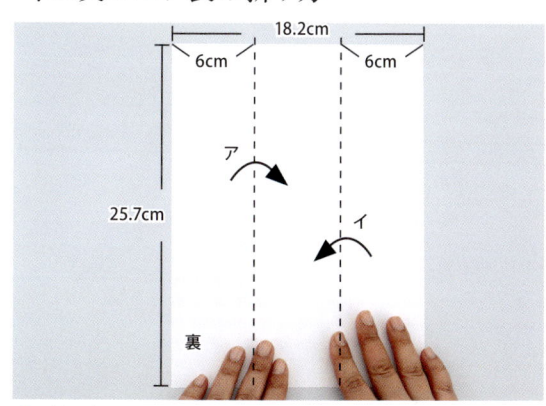

1 紙の裏を上にして、**ア→イ**の順に折ります。

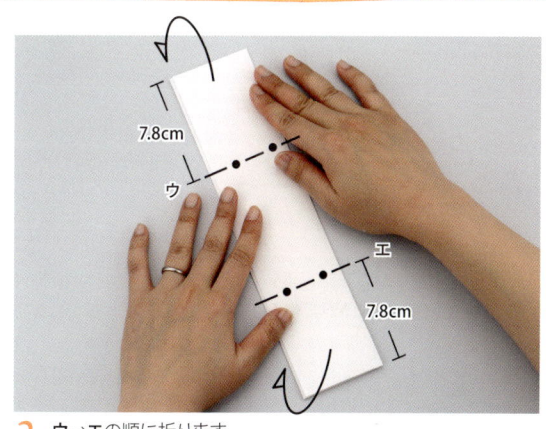

2 **ウ→エ**の順に折ります。

3 ポチ袋の下端（★）を開いて、上端（★）を差し込みます。

4 できあがり。

Part4 水引でつくる祝い袋とラッピング

109

十二支のポチ袋にねずみを貼る

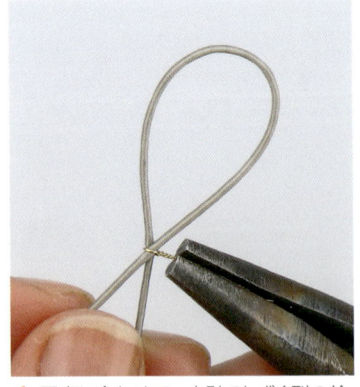

1 図案に合わせて、水引でしずく型の輪をつくり、ねずみの胴体をつくります。交差した部分はワイヤーで留めます。

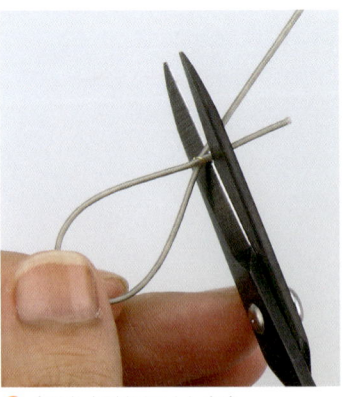

2 余分な水引をカットします。

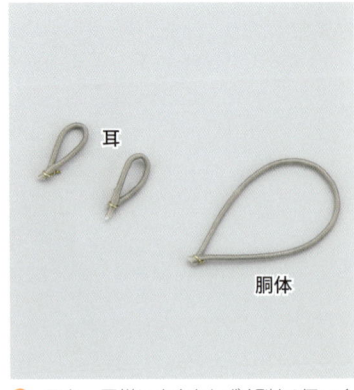

3 耳も、同様に小さなしずく型を2個つくります。

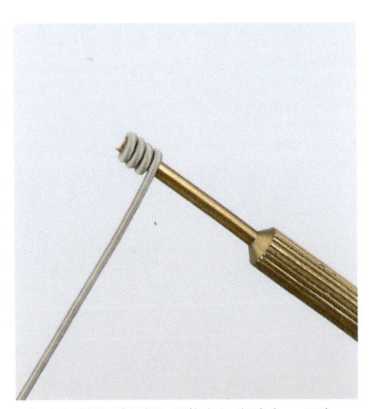

4 ちり棒に水引を4巻きします(▶p.28)。

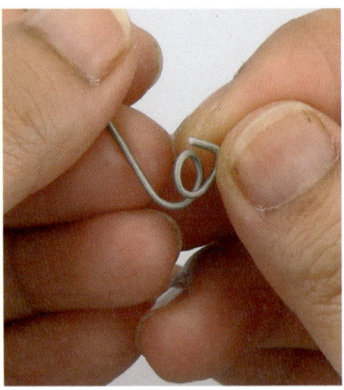

5 ちり棒をはずして、ねずみのシッポのくるんとした感じを出します。

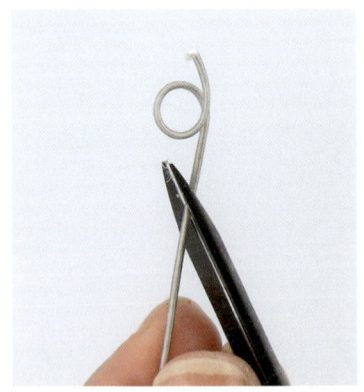

6 図案に合わせてシッポを切ります。

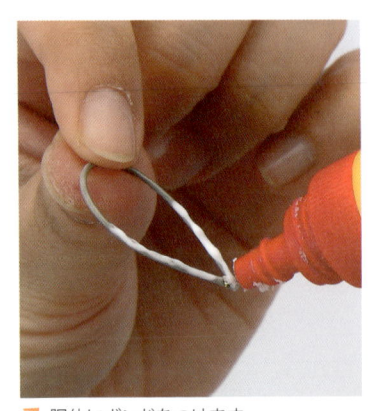

7 胴体にボンドをつけます。

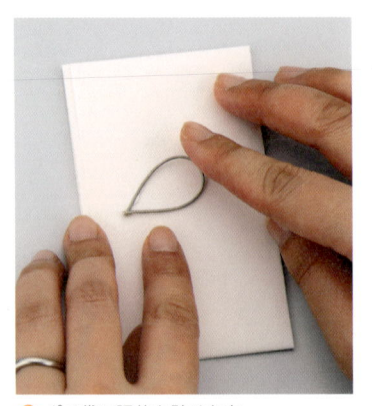

8 ポチ袋に胴体を貼ります。

9 耳とシッポもボンドで貼ります。ボンドをつけにくいときは、余った水引の先にボンドをつけると作業しやすいです。

十二支のポチ袋の図案集

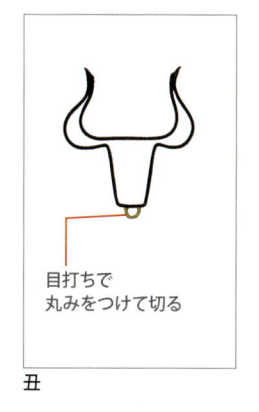

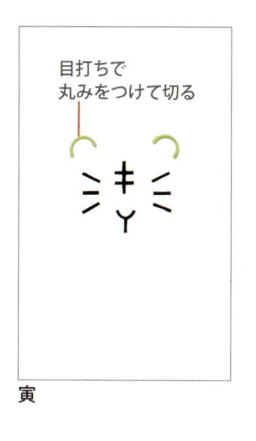

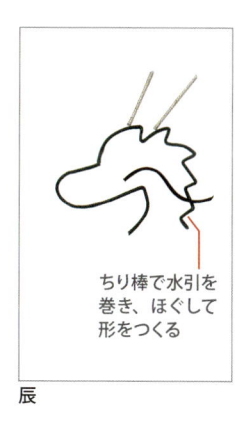

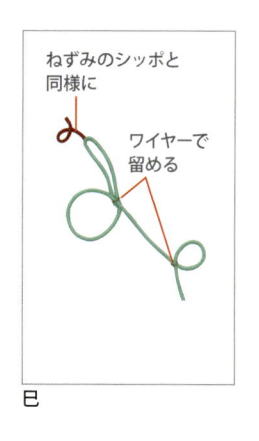

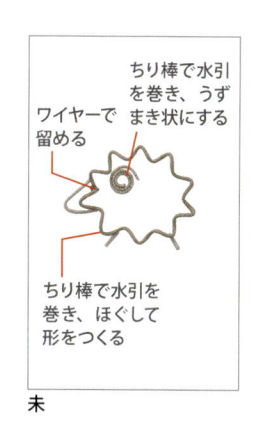

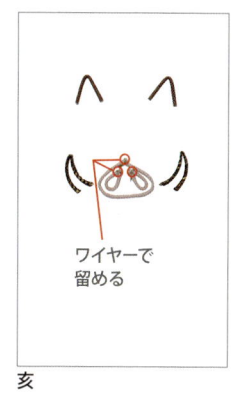

子

丑 — 目打ちで丸みをつけて切る

寅 — 目打ちで丸みをつけて切る

卯 — 目打ちで丸みをつけて切る／ワイヤーで留める

辰 — ちり棒で水引を巻き、ほぐして形をつくる

巳 — ねずみのシッポと同様に／ワイヤーで留める

午 — 水引3本でU字形をつくり、端をワイヤーで留める

未 — ちり棒で水引を巻き、うずまき状にする／ワイヤーで留める／ちり棒で水引を巻き、ほぐして形をつくる

申 — ワイヤーで留める

酉 — ちり棒で水引を巻き、ほぐして形をつくる／ワイヤーで留める

戌 — ワイヤーで留める／ねずみのシッポと同様に

亥 — ワイヤーで留める

※すべて214％拡大してください。

▶ つくり方
桐箱ラッピング (*57*) → p.113

桐箱ラッピング

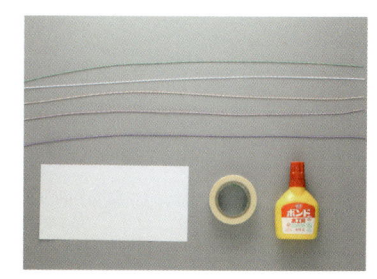

- **材料**：水引45cm×5本（紫・うす紫・ピンク・白・緑 各1）※水引の長さは、包む箱の横外周＋20cm程度
  和紙（掛け紙）…9×16.7cm
  箱…W7×H10.4×D2cm
  両面テープ、木工用ボンド
- **できあがりサイズ**：幅4.5cm（飾り部分）

つくり方

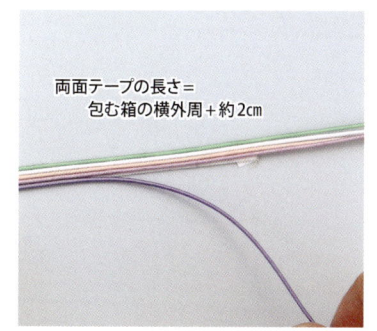

1. 両面テープの上に、水引を隙間なく並べて貼ります。
   （両面テープの長さ＝包む箱の横外周＋約2cm）

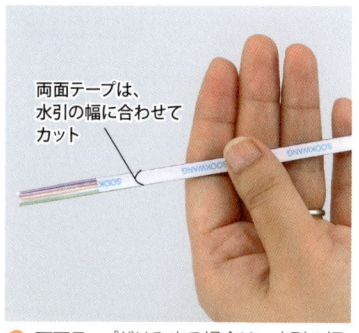

2. 両面テープがはみ出る場合は、水引の幅に合わせてカットします。

3. 桐箱に掛け紙を巻きます。掛け紙は、箱のサイズに合わせて用意してください。

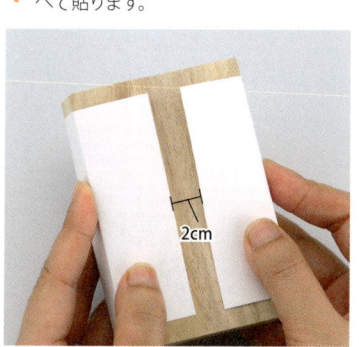

4. 裏側は2cmほど隙間をあけます。

5. 両面テープのはくり紙ははがさずに、水引リボンを箱に巻いて、箱の角に合わせて折り曲げます。

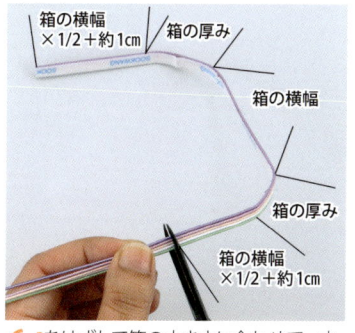

6. 5をはずして箱の大きさに合わせて、水引リボンをカットします。カットした余りは、飾りに使います。
   （箱の横幅×1/2＋約1cm、箱の厚み、箱の横幅、箱の厚み、箱の横幅×1/2＋約1cm）

7 両面テープのはくり紙をはがして、和紙の真ん中に6を巻きます。

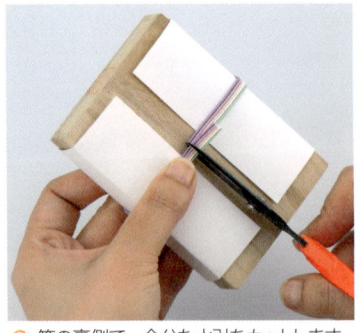

8 箱の裏側で、余分な水引をカットします。

9 水引を貼り合わせます。

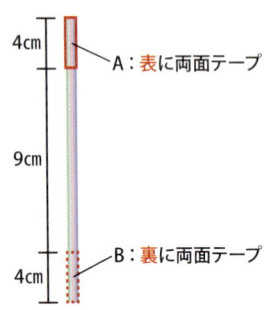

4cm　A：表に両面テープ
9cm
4cm　B：裏に両面テープ

3.5cm

10 6で余った水引で飾りをつくります。水引の両端に両面テープを貼ります。

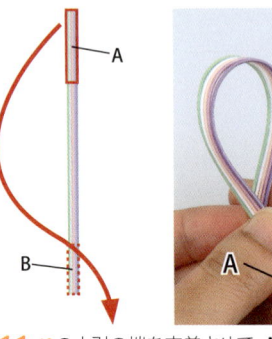

11 10の水引の端を交差させて、Aが上にくるように、しずく型の輪をつくります。

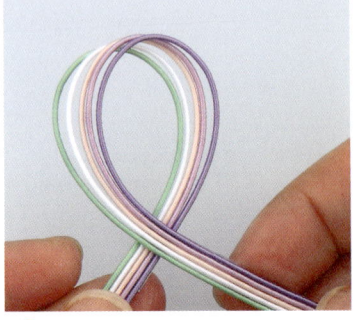

12 交差させた部分を、10で貼ったAの両面テープで貼り合わせます。

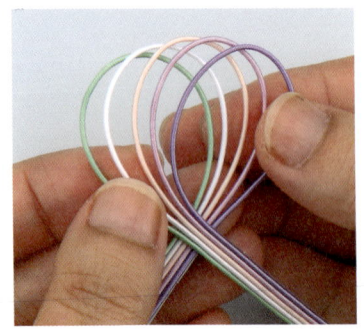

13 輪を広げて形を整えます。

14 端は斜めにカットします。

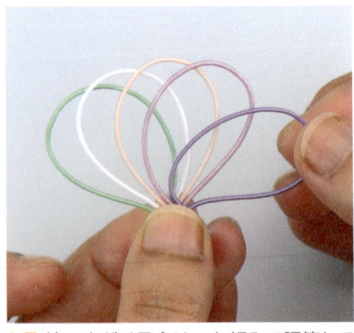

15 輪の広がり具合は、お好みで調節してください。

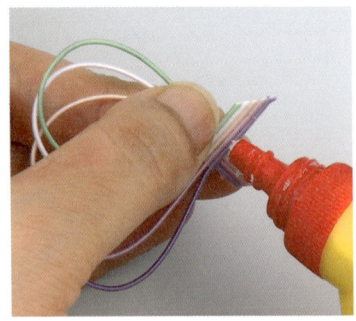

16 水引が重なっている部分の裏側にボンドをつけます。

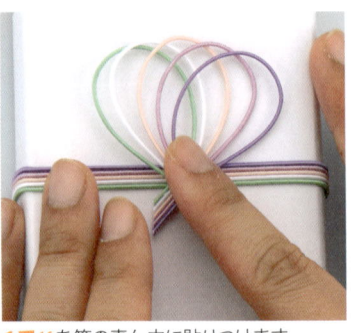

17 16を箱の真ん中に貼りつけます。

18 できあがり。

Part 5

**水引でつくる
クリスマス飾りとお正月飾り**

Gallery

59

58

60

▶ つくり方
水引のクリスマスオーナメント（*58*、*59*）→ p.120
水引のクリスマスリース（*60*）→ p.124

▶ つくり方

祝い箸袋A（61）→ p.128
祝い箸袋B（62）→ p.129
平梅A（63）→ p.22
あわじ結び（64）→ p.14
平梅B（65）→ p.22
梅のランチョンマット（66、67）→ p.127
水引の箸置き（68）→ p.61

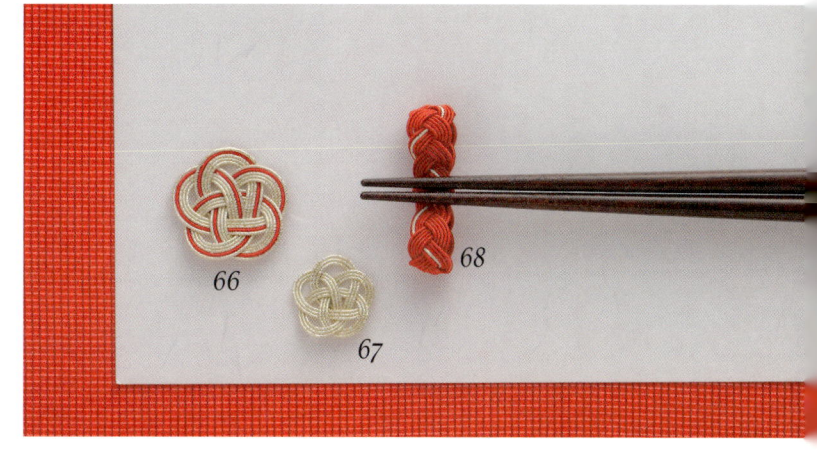

Gallery

▶ つくり方
もち花風飾り（69）
→ p.130
日本酒ボトル飾り（70）
→ p.131

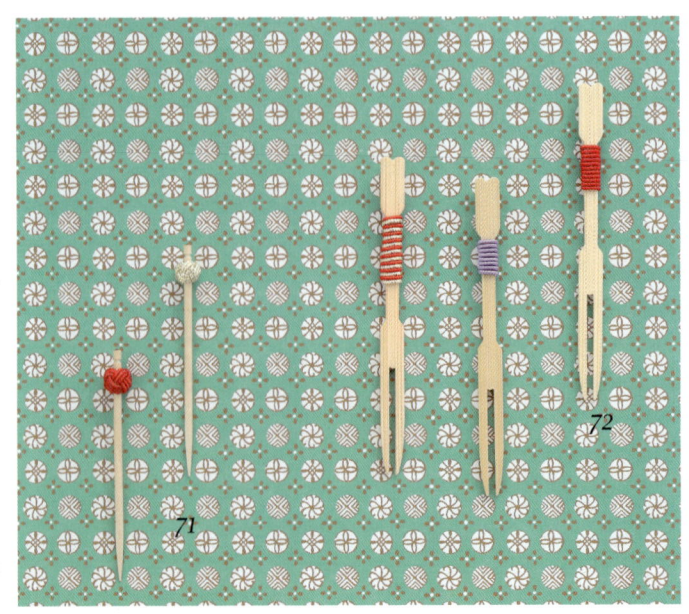

▶ つくり方
つまようじ飾り（71）→ p.130
竹串飾り（72）→ p.77

» つくり方
梅と竹のお正月飾り (73) → p.132
鶴のお正月飾り (74) → p.134

水引のクリスマスオーナメント

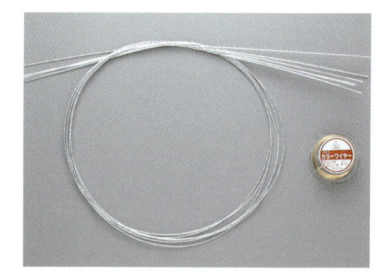

▶材料:【雪の結晶(58)】水引90㎝×6本
　　　【星(59)】水引90㎝×4本
　　　【共通】ワイヤー(28号)

▶できあがりサイズ：
　直径9.2㎝(58)、直径3.7㎝(59)

▶基本の結び方：
　2組の水引で結ぶ、あわじ結び(▶p.16)
　梅結び(▶p.20)

雪の結晶 58
星 59

雪の結晶のつくり方

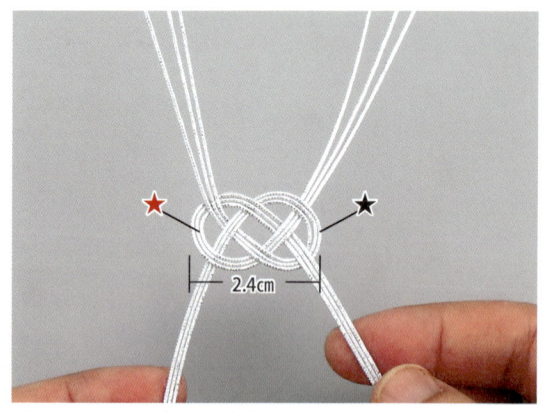

1 雪の結晶用の水引を3本ずつ2組に分けて、2組で結ぶあわじ結び(▶p.16)をします。

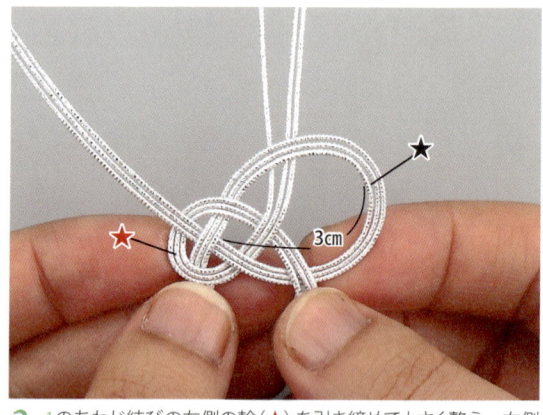

2 1のあわじ結びの左側の輪(★)を引き締めて小さく整え、右側の輪(★)のほうを大きくします。

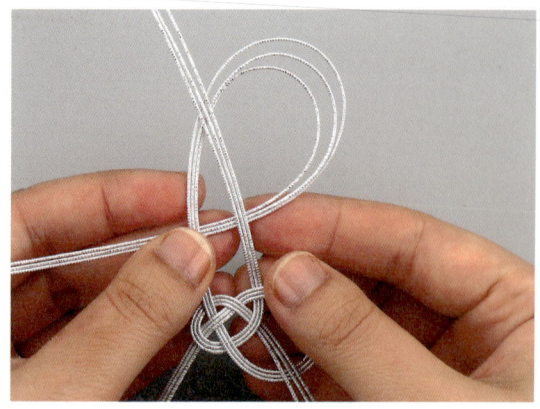

3 次に、2のあわじ結びの上にもう1度、2組で結ぶあわじ結びをします。

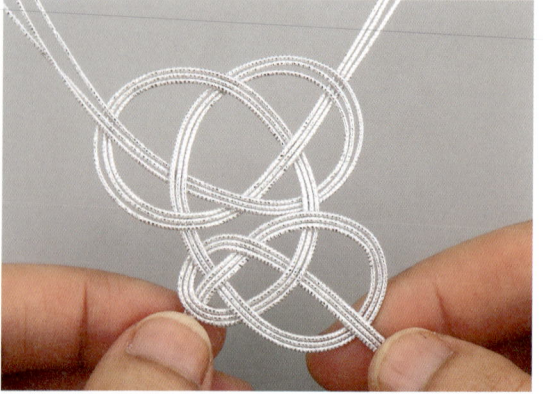

4 あわじ結びが2個できました。

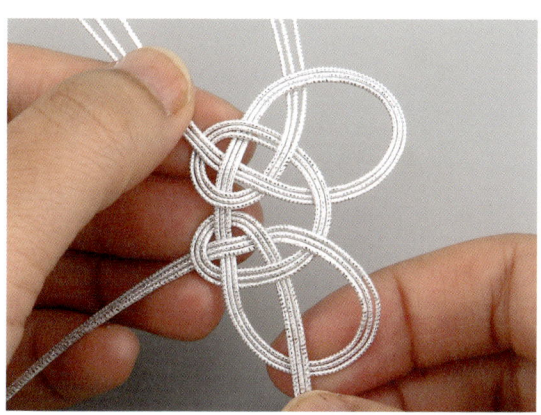

5 まっすぐではなく、2個のあわじ結びがカーブするように調節します。2個目のあわじ結びも右側の輪を大きくし、1個目の輪の大きさに揃えます。

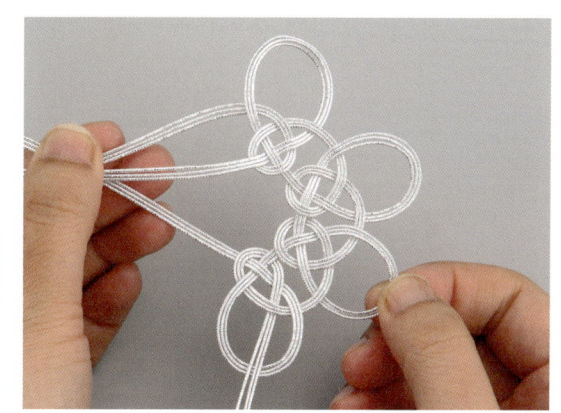

6 同様にして、4個あわじ結びをつくりました。

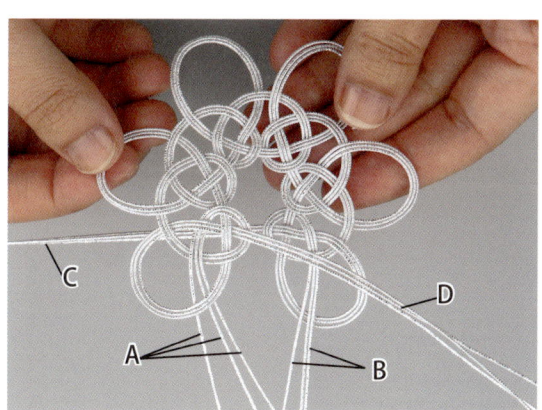

7 6個、2組で結ぶあわじ結びをしたところで、AとBを交差させてワイヤーで留めます。

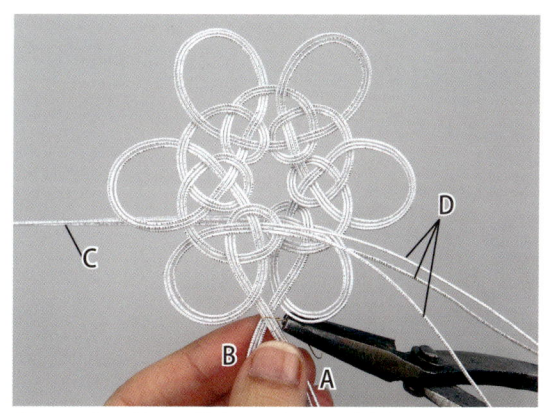

8 A、Bをワイヤーで留めているところ。余分なワイヤーはカットして、裏側に倒しておきます。

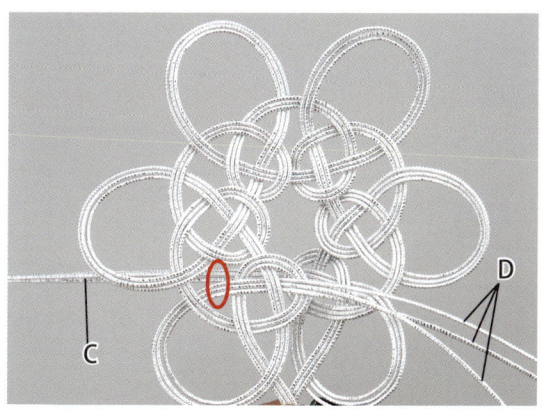

9 次に、○部分にワイヤーを入れて、CとDを留めます。

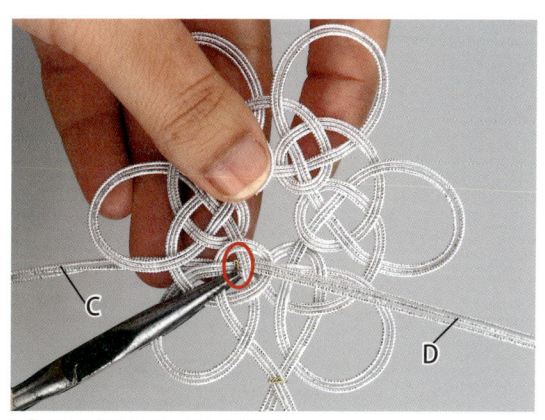

10 CとDを留めているところです。

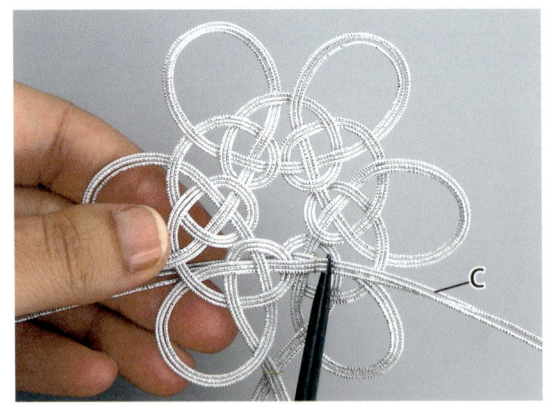

11 裏返して、Cの余分な水引をカットします。

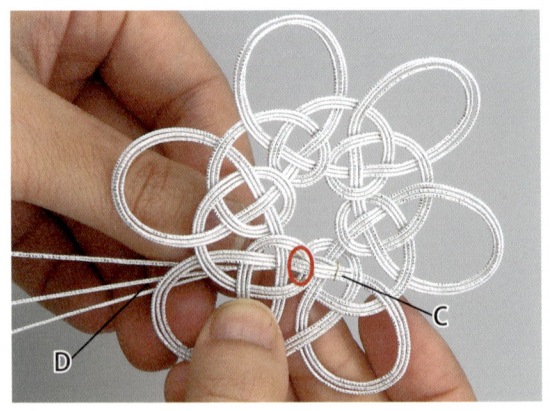

12 もう一箇所、○部分にワイヤーを入れて、CとDを留めます。

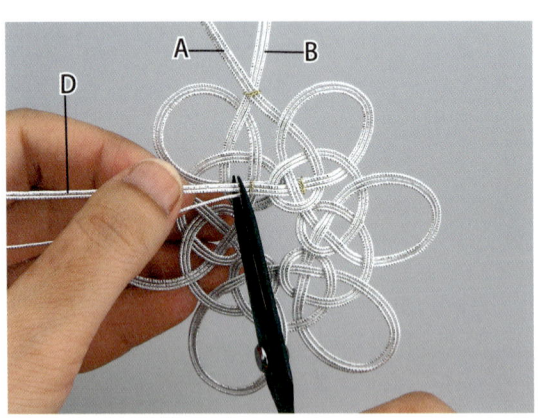

13 表にして、Dの余分な水引をカットします。

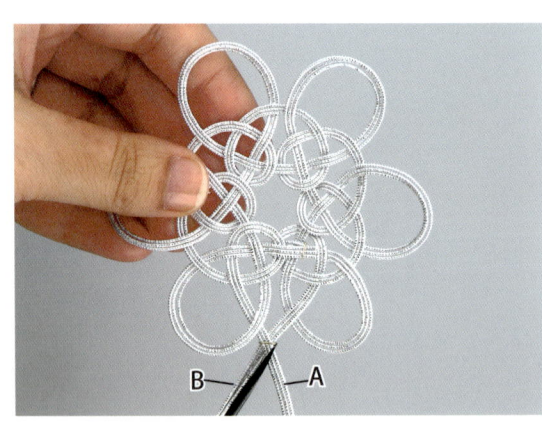

14 13のAとBの交差した部分を斜めにカットします。

15 ★の部分、5箇所を折り曲げて、とがらせます。

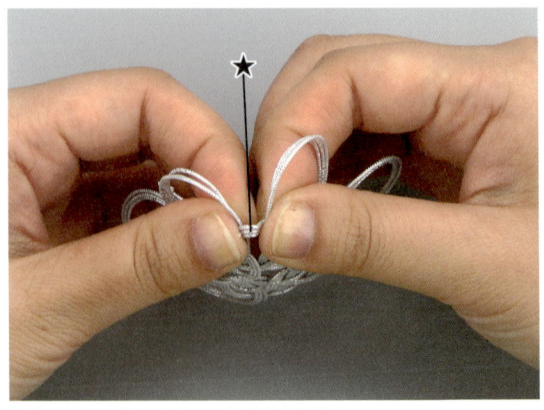

16 ★部分を折り曲げて、とがらせます。

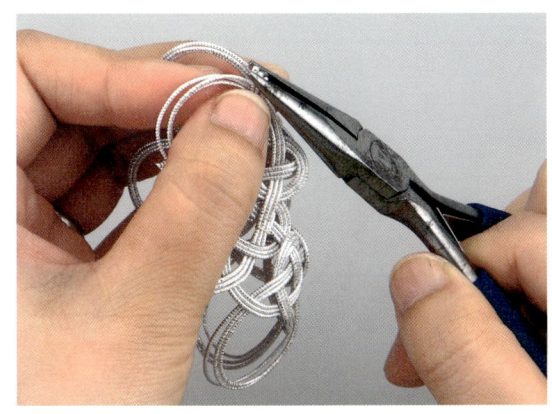

17 さらに、ペンチで押さえます。

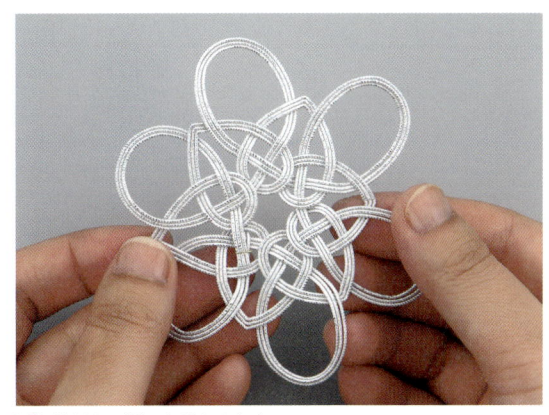

18 外側も同様にとがらせます。

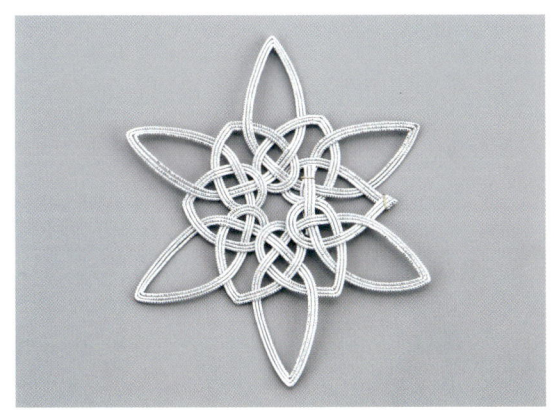

19 雪の結晶のできあがり。

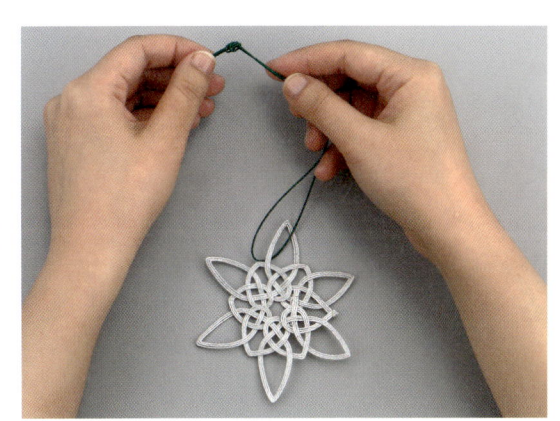

20 テグスやお好みのひもを通して結びましょう。

星のつくり方

1 星用の水引4本で、星をつくります（▶p.64「星のハットピン」7〜10参照）。

2 結び終わりは、裏側をワイヤーで留めて、余分な水引をカットします。

3 テグスやお好みのひもをつけて完成です。

水引のクリスマスリース

▶**材料**：リース…45cm×101本
　　　　松かさ大…水引45cm×15本
　　　　松かさ中…水引40cm×12本
　　　　松かさ小…水引30cm×12本
　　　　玉結びの飾り…水引45cm×5本
　　　　ワイヤー（28号）、フローラテープ
　　　　両面テープ、木工用ボンド

▶**できあがりサイズ**：幅8cm

▶**基本の結び方**：
　玉結び（▶p.18）、三つ編み（▶p.26）

60

リースのつくり方

1 リース用の水引100本を束にして揃えます（残りの1本は**14**で使用）。

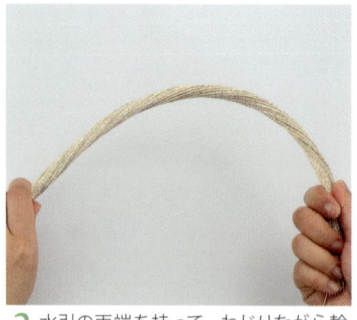

2 水引の両端を持って、ねじりながら輪にします。

3 交差した部分を2箇所ワイヤーで留めます。

4 ゆるまないように、しっかり留めます。ワイヤーの端は短く切って倒します。

5 リース部分のできあがりです。リースの端はきれいに切り揃えます。

6 玉結び用の水引で、先を10cm残して玉結び（▶p.18）をします（2重の玉結び3本、3重の玉結び2本）。

2重の玉結び
（▶p.64「星のハットピン」
1〜6参照）

7 玉結びの玉が外向きになるように、左に3本、右に2本重ねます。

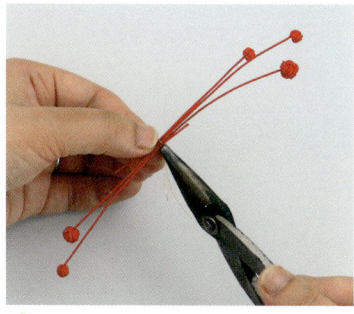

8 重なり合った部分をワイヤーで留めます。

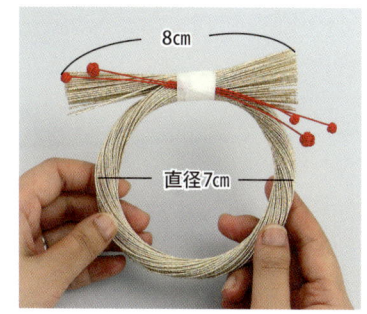

9 フローラテープでリースに赤い飾りを巻きつけます。

松かさのつくり方

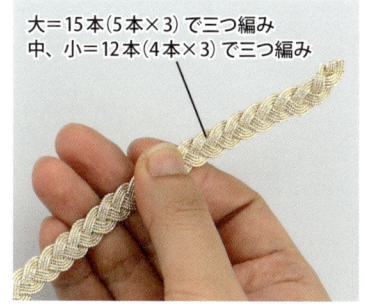

1 松かさ用の水引で、**大・中・小**それぞれ三つ編み（▶p.26）をします。

大＝15本（5本×3）で三つ編み
中、小＝12本（4本×3）で三つ編み

2 三つ編みの端をヤットコで挟みます。

3 ヤットコに三つ編みを巻きつけて、円すい型になるようにします。

4 三つ編みの最後まで、しっかりと巻いて、くせづけします。

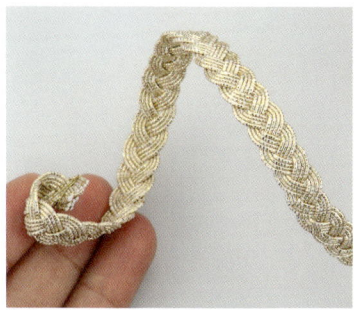

5 ヤットコを一度はずします。

6 三つ編みの裏側に、両面テープを貼ります。

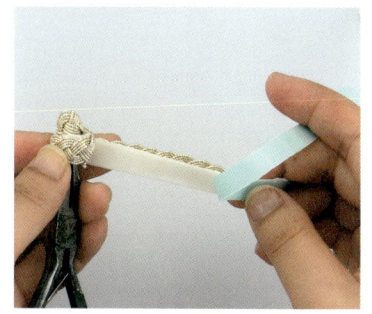

7 両面テープをはがしながら、再度ヤットコに巻きつけていきます。

8 できあがりの松かさをイメージしながら巻いていきます。

9 巻き終わりは内側にしまいます。

Part5 ◆ 水引でつくるクリスマス飾りとお正月飾り

125

10 松かさの形を整えます。

11 三つ編みの隙間にボンドをつけて補強します。

12 同様にして、松かさを3個つくります。

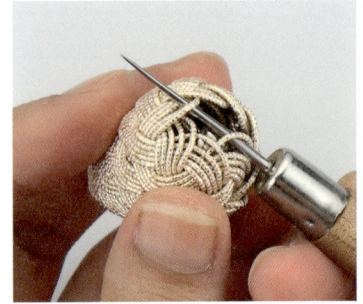

13 松かさ**大**の裏に、目打ちで水引を通す通り道をつくります。

14 松かさ**大**にリース用の水引を通します。

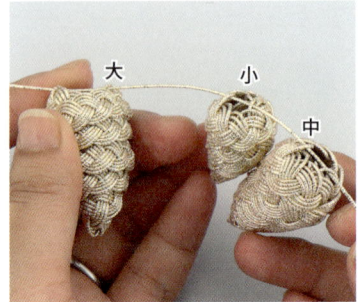

15 松かさ**小**と**中**も通します。

16 水引を結んで、3個の松かさをまとめます。

17 松かさと松かさの隙間にボンドをつけて、松かさ同士を貼り合わせます。

18 表から見るとこんな感じです。

19 リースに結わえつけて、余分な水引はカットします。

20 松かさとリースの隙間にボンドをつけて固定します。

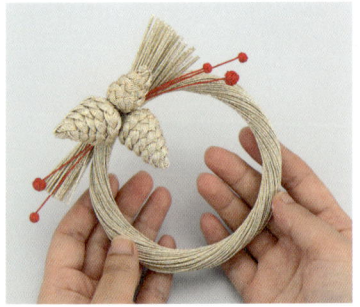

21 完成です。

梅のランチョンマット

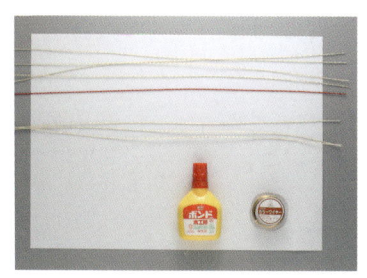

▶**材料**：梅大…水引45㎝×5本(赤1・金4)
　　　　梅小…水引45㎝×3本
　　　　和紙…B4(25.7×36.4㎝)
　　　　ワイヤー(28号)、木工用ボンド

▶**できあがりサイズ**：幅3.2㎝ (*66*)
　　　　　　　　　　幅2.3㎝ (*67*)

▶**基本の結び方**：梅結び(▶p.20)

つくり方

1 梅大は水引5本で、梅小は水引3本で梅結び(▶p.20)をします。

2 結び終わりは、表から見えないように裏側をワイヤーで留めます。

3 紅白や金赤など、おめでたい色で結ぶとお正月や宴席によく合います。

4 ボンドで和紙にバランス良く貼って完成です。

Part5 水引でつくるクリスマス飾りとお正月飾り

祝い箸袋

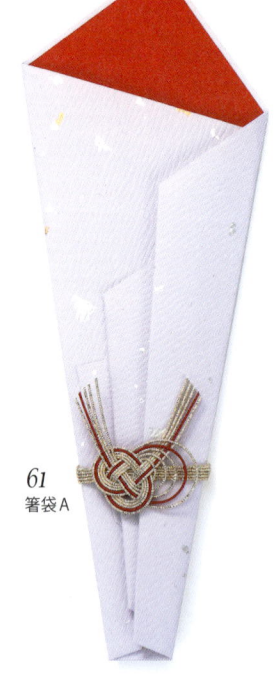

あわじ結びや
平梅結びなど、
お好みのモチーフをつくって、
箸袋に貼りましょう。

63
64
65

61
箸袋A*

▶材料：帯…水引15cm×5本
　　　　モチーフ…水引45cm×5本（赤1・金4）
　　　　両面テープ、木工用ボンド
　　　　箸袋
▶できあがりサイズ：9.5×25cm（*61*）、6×21.5cm（*62*）
▶基本の結び方：
　あわじ結び（▶p.14）、平梅結び（▶p.22）

🌿 箸袋Aの折り方

★使う紙a：檀紙砂子…26.5×19.5cm
★使う紙b：水染め色柾（赤）…9.5×9.5cm×1/2

- - - - - - 谷折り線
- • - • - • - 山折り線

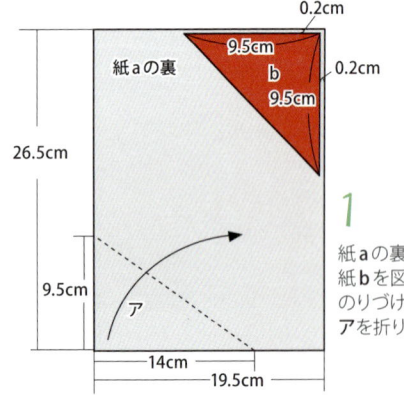

1
紙aの裏を上にして、
紙bを図のように
のりづけします。
アを折ります。

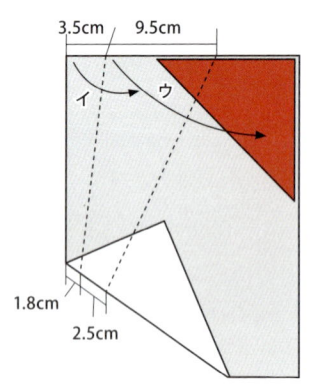

2
図の位置でイ、ウの順に
谷折りします。

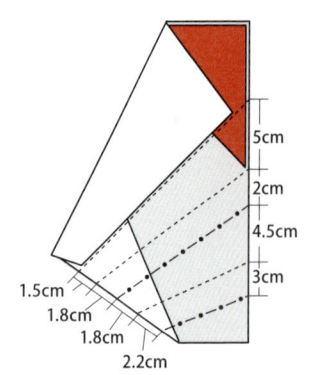

3
図の位置で折りすじをつけて、
真ん中からたたんでいきます。

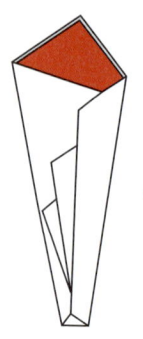

4
できあがり。

箸袋にモチーフを貼る

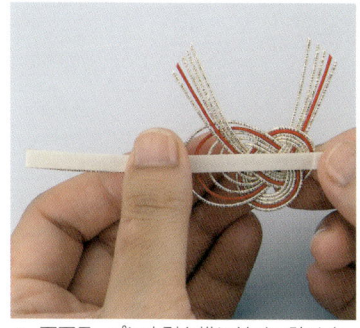

1 両面テープに水引を横に並べて貼り（▶p.113「桐箱ラッピング」1〜2参照）、箸袋に巻く帯にします。

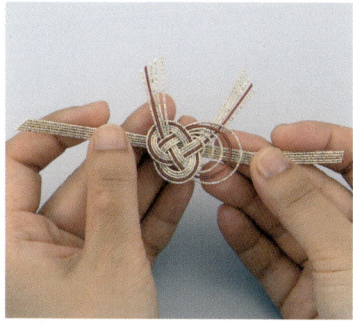

2 帯にお好みのモチーフをボンドで貼ります（ここでは水引5本のあわじ結び▶p.14）。

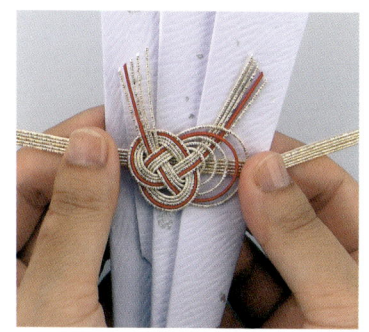

3 箸袋に2を巻きます。

4 帯の余分はきれいにカットします。

5 箸袋に帯を貼り合わせます。

6 箸袋Bには、紙の帯を巻き、水引5本（金1・赤4）の平梅結び（▶p.22）のモチーフを貼りました。

箸袋Bの折り方

★使う紙c：檀紙…26.5×19.5cm

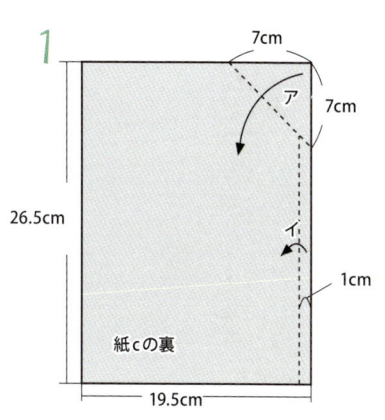

- - - - - - - 谷折り線
- ・ - ・ - ・ - 山折り線

1 紙cの裏を上にして、ア、イの順に谷折りします。

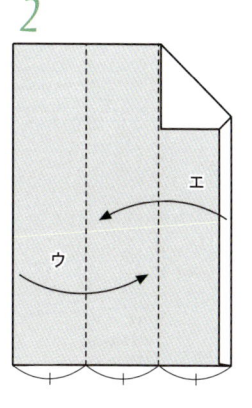

7cm / 7cm / 26.5cm / 19.5cm / 1cm / 紙cの裏

2 ウ、エの順に谷折りします。

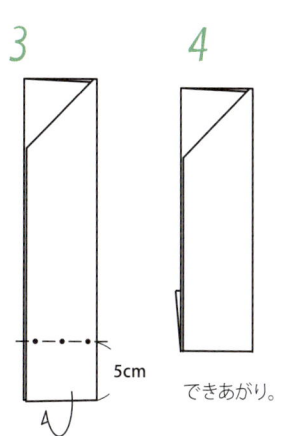

3 下を5cmくらい山折りします。

4 できあがり。

Part5 水引でつくるクリスマス飾りとお正月飾り

62 箸袋B

もち花風かざり

69

▶ **材料**：枝…水引35cm×5本
　　　 もち花…水引30cm×15本
　　　 フローラテープ、木工用ボンド
　　　 竹ひご35cm
▶ **できあがりサイズ**：長さ32cm（もち花の部分）
▶ **基本の結び方**：玉結び（▶p.18）

つくり方

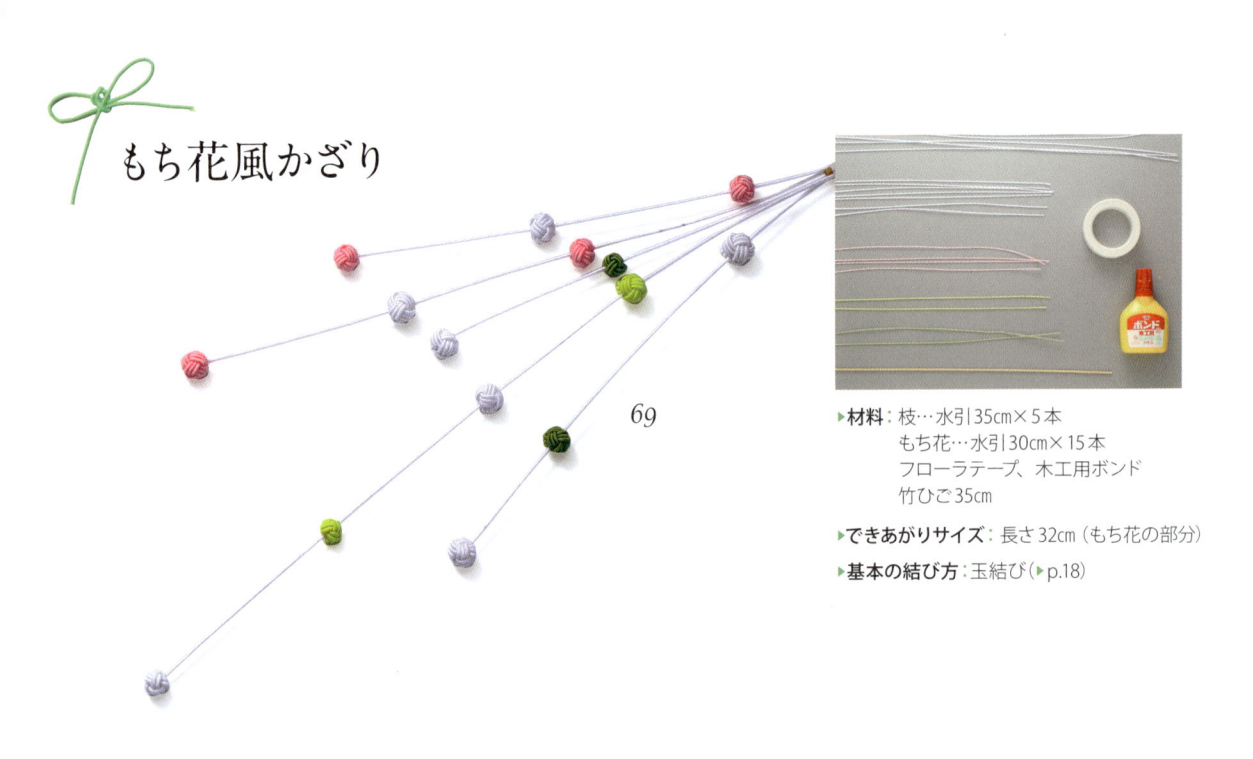

1　もち花用の水引で3重の玉結び（▶p.18）の玉をつくり、目打ちで穴を少し広げます。

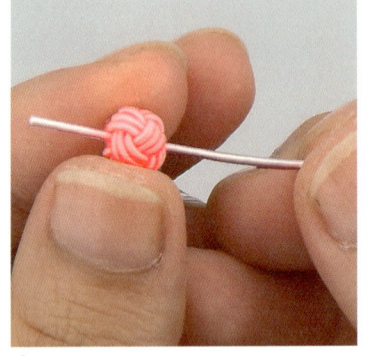

2　枝用の水引にもち花を通します。通すもち花の数は、お好みで増減してください。

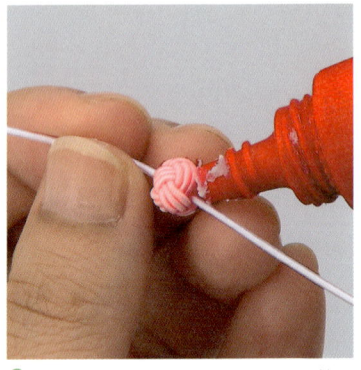

3　もち花の位置を決めて、ボンドで枝の水引に接着します。

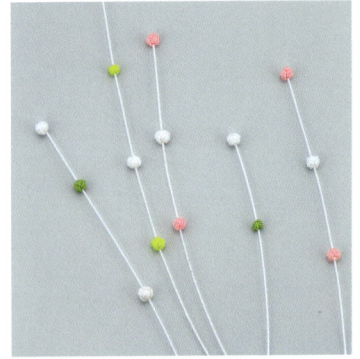

4　枝につけるもち花の間隔は、等間隔でないほうが良いです。枝の本数や長さも自由につくってください。

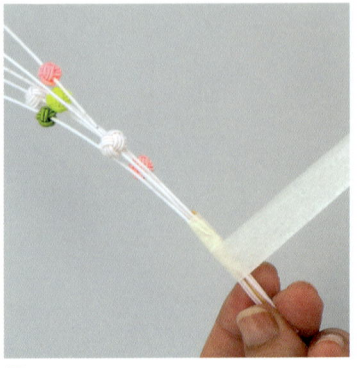

5　4の水引の束をまとめて、フローラテープを巻きつけ、竹ひごの先に接着します。

参考作品　つまようじ飾り

71

玉結びをつまようじの頭にボンドで固定して、パーティー用のピックにしました。

日本酒ボトル飾り

70

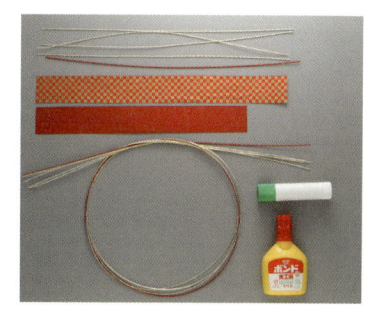

▶**材料**：玉…水引30cm×5本（赤1・金4）
　　　　飾り…水引90cm×5本（赤1・金4）
　　　　和紙…3×26cm 1枚、3×23cm 1枚
　　　　木工用ボンド、スティックのり

▶**できあがりサイズ**：幅7.3cm（飾り部分）

▶**基本の結び方**：
　　平梅結び（▶p.14）、玉結び（▶p.18）

つくり方

1 ボトルの首に、和紙2枚を巻き、下の和紙が少し斜めに見えるようにずらして重ねます。取りつける位置やできあがりのイメージを確認します。

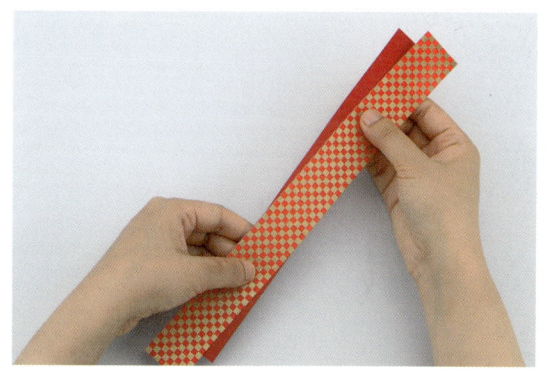

2 1で巻いた2枚の和紙を、スティックのりで貼り合わせます。

3 ボトルの首にかけます。

4 お好みの飾りを、3にボンドで貼りつけて完成です（ここでは、p.66の「UFOのタックピン」のモチーフを水引5本で結び、3重の玉3個と2重の玉2個をつけたものを使用）。

梅と竹のお正月飾り

73

▶**材料**：リース…赤水引30cm×15本
　　　　　　　白水引30cm×15本
　　　　　梅花弁…赤水引30cm×3本
　　　　　梅シベ…白水引10cm×1本
　　　　　竹…水引8cm×9本
　　　　　ワイヤー（28号）、木工用ボンド
　　　　　フローラテープ
▶**できあがりサイズ**：幅7.5cm
▶**基本の結び方**：
　立体的な梅結び（▶p.21）、竹（▶p.24）

リースのつくり方

1 リース用の赤水引と白水引を揃えて、端をワイヤーで仮留めします。

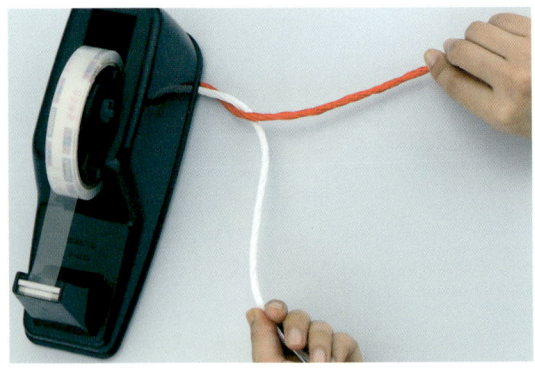

2 ワイヤーで仮留めした部分を重し（セロハンテープ台）で挟みます。赤の水引と白の水引を写真のようにねじっていきます。

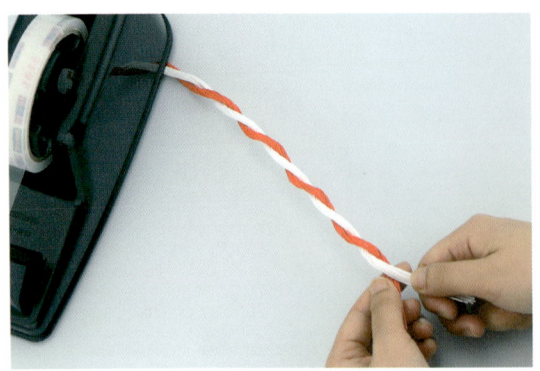

3 5cmほど残してねじり終えたら、重しからはずします。

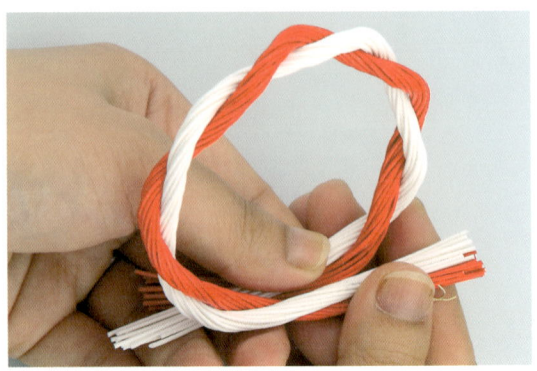

4 ねじった水引をリース状にします。

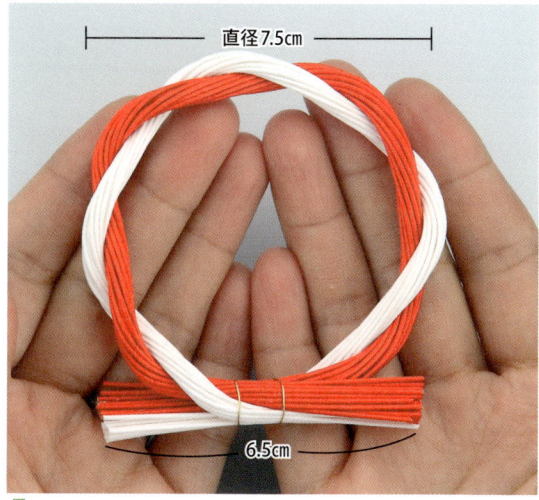

5 ワイヤーで2箇所、しっかり留めてから、1で仮留めしたワイヤーをはずします。水引の先はきれいに切り揃えましょう。

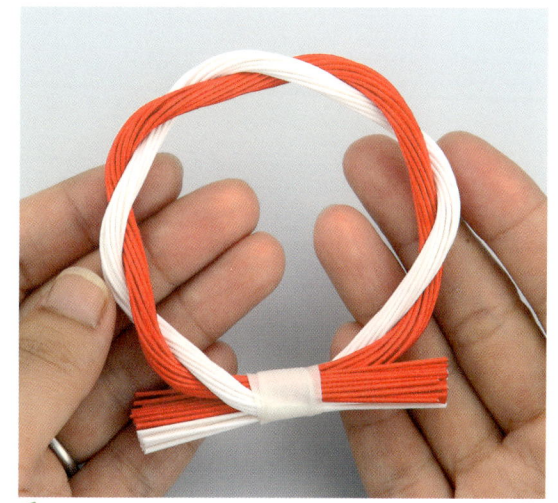

6 ワイヤーが隠れるように、フローラテープを巻きます。

リースにモチーフを貼る

1 竹用の水引で竹（▶p.24）をつくります。

2 5mmほど残して余分なワイヤーはカットします。

3 ワイヤーを裏側に折ります。

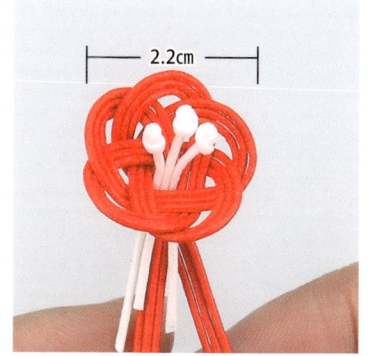

4 梅用の水引で梅をつくります（▶p.35「梅のUピン」1〜6参照）。

5 5mmほど残して余分なワイヤーはカットします。

6 リースに竹と梅をボンドで貼って完成です。

鶴のお正月飾り

▶ 材料：リース…30cm×45本
　　　　鶴…白水引45cm×3本
　　　　鶴の頭…赤水引15cm×1本
　　　　鶴の首…白水引45cm×1本
　　　　ワイヤー（28号）、木工用ボンド
　　　　フローラテープ
▶ できあがりサイズ：幅8cm
▶ 基本の結び方：あわじ結び（▶p.14）

鶴のつくり方

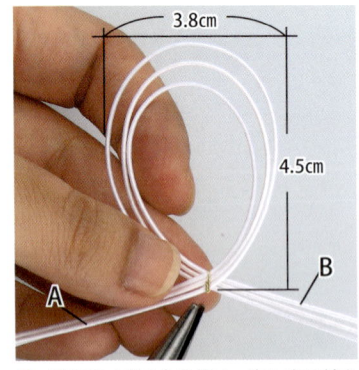

1 鶴用の水引3本を使い、真ん中に輪をつくります。3つの輪の間隔は、4mmほどあけるようにします。水引が交差した部分をワイヤーで留めます。

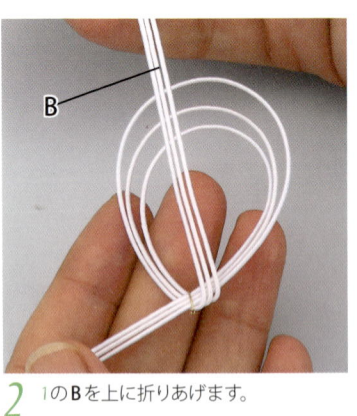

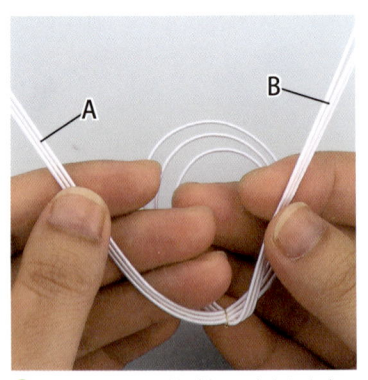

2 1のBを上に折りあげます。

3 AとBであわじ結び（▶p.14）をします。

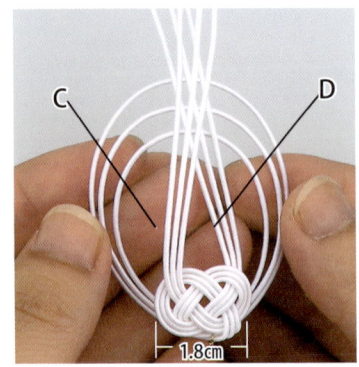

4 あわじ結びは、あまり隙間ができないように形を整えます。あわじ結びの先（CとD）を交差させて、ワイヤーで留めます。

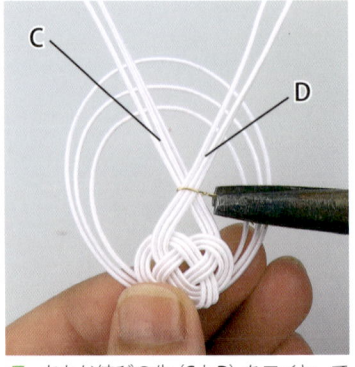

5 あわじ結びの先（CとD）をワイヤーで留めたところ。

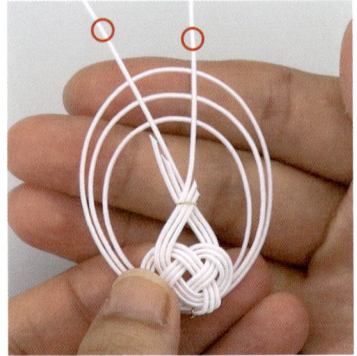

6 CとDの内側各1本ずつ（○）を残して、写真のように斜めにカットします。

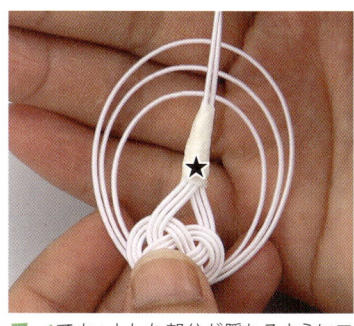

Part 5 ◆ 水引でつくるクリスマス飾りとお正月飾り

7 6でカットした部分が隠れるようにフローラテープ（★）で巻き留めます。

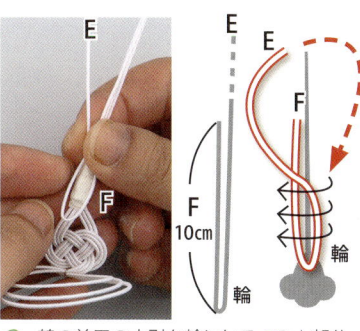

8 鶴の首用の水引を輪にして、7の★部分にあて、長い方（E）で首を巻きます。

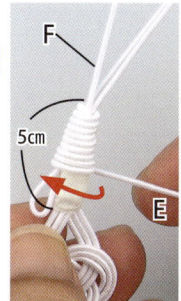

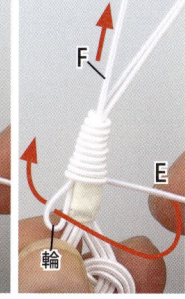

9 鶴の首用の水引を5cm巻いたら、輪の中にEを通し、Fを引きます（10参照）。

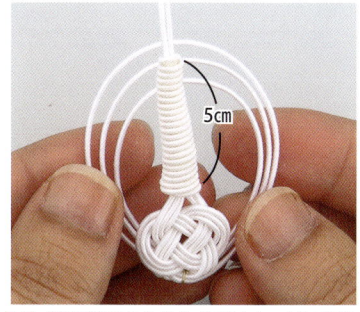

10 鶴の首用の余分な水引はカットします。巻いた部分が鶴の首になります。

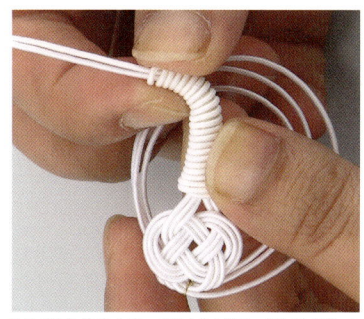

11 首の先を1.5cm折り曲げて、鶴の頭をつくります。

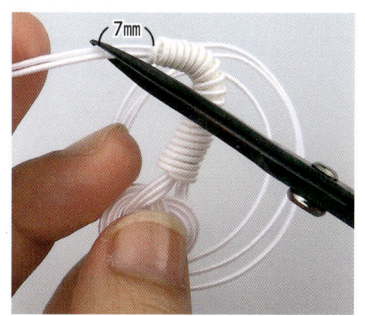

12 くちばしをつくります。頭から7mmほど残して、斜めに水引をカットします。

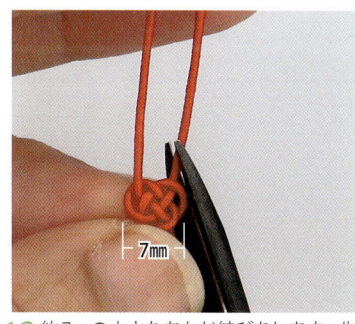

13 約7mmの小さなあわじ結びをします。先を3mm残して余分な水引をカットします。

15 鶴の頭にボンドで貼りつけます。

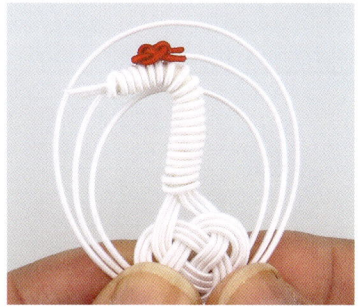

16 くちばしの先にボンドをつけて、ほつれ止めをします。

🍃リースの仕上げ

1 リースをつくります（▶p124「水引のクリスマスリース」1〜5参照）。

2 ワイヤーで留めた部分が隠れる程度にフローラテープを巻きます。

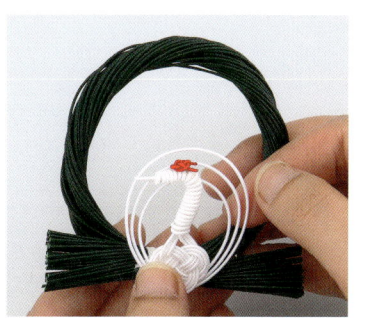

3 ボンドで鶴の飾りをつけて完成です。

135

フォーマルな祝儀袋を
つくってみよう

75

76

▶つくり方
フォーマルな祝儀袋A（75）→ p.138
フォーマルな祝儀袋B（76）→ p.140
（作品提供：お茶の水 おりがみ会館）

祝儀袋に結ぶ水引

結婚式やお祝い事などの、祝儀袋に結ぶ水引の基本は、「結び切り」と「蝶結び」です。引っ張るとほどける「蝶結び」に対し、両端を引っ張ってもほどけない「結び切り」は、一度きりを願う結婚のお祝いに最適です。

「結び切り」と「蝶結び」

結び切り

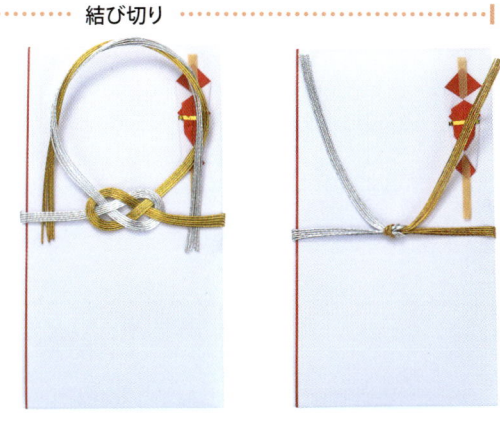

- あわじ結び
- 日の出結び
- こま結び 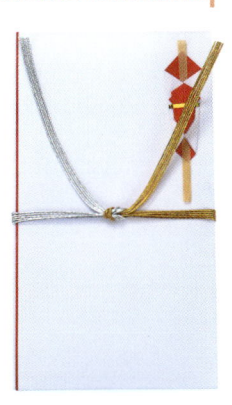

蝶結び

結び直しができる蝶結びは、何度あっても嬉しいお祝い事に使用します。

祝儀袋のミニ知識

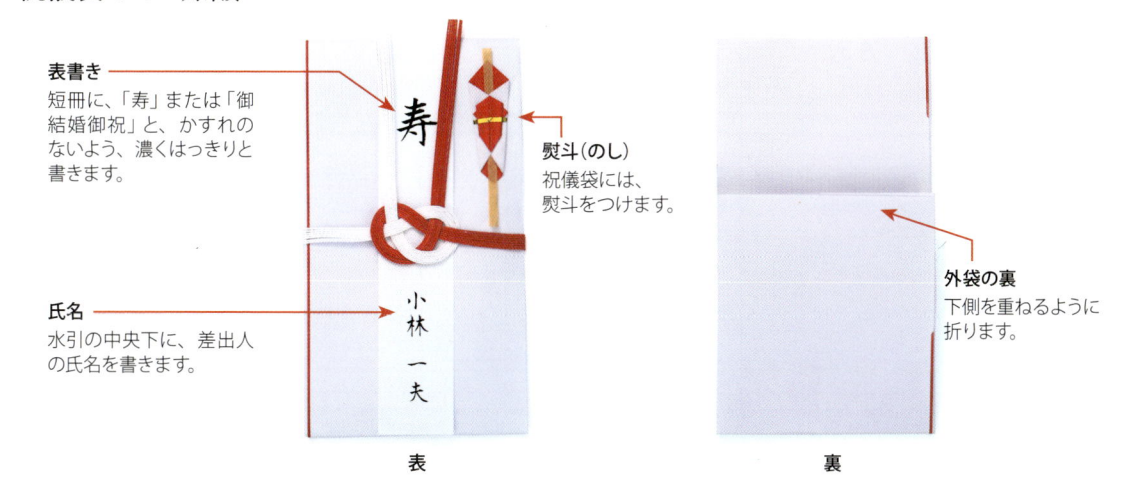

表書き
短冊に、「寿」または「御結婚御祝」と、かすれのないよう、濃くはっきりと書きます。

熨斗（のし）
祝儀袋には、熨斗をつけます。

氏名
水引の中央下に、差出人の氏名を書きます。

外袋の裏
下側を重ねるように折ります。

表　　　裏

フォーマルな祝儀袋Aのつくり方

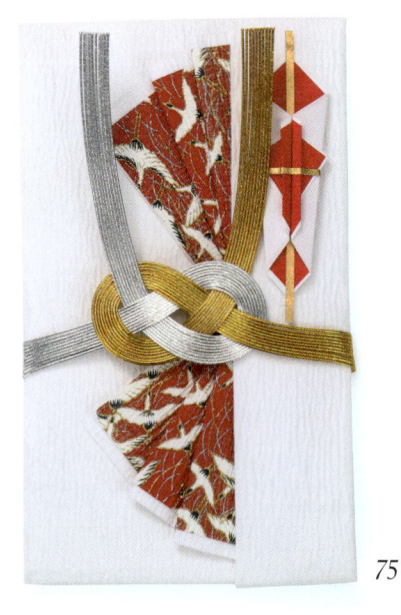

鶴の舞う、友禅の飾りを添えた華やかな祝儀袋は結婚のお祝いに最適です。金銀10本のあわじ結びで結ぶと、より豪華に仕上がります。

▶ **材料**：金銀水引90cm×5本中付け×2束
　　　　祝儀袋…壇紙45×32cm＝1枚
　　　　飾り…壇紙9×14cm＝2枚
　　　　　　　もみ友禅8.5×14cm＝2枚
　　　　のし…白柾6×6cm＝1枚
　　　　　　　水染め色柾(赤) 5.7×5.7cm＝1枚
　　　　　　　金ホイル0.3×10cm＝1枚
　　　　　　　金ホイル0.1×10cm＝1枚

▶ **できあがりサイズ**：11.5×19cm
▶ **基本の結び方**：あわじ結び(▶p.14)

75

外袋の折り方

1

32cm
10cm　6.5cm
ア
イ
45cm
裏

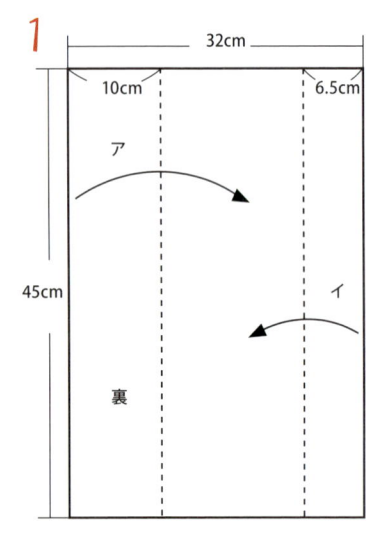

紙の裏を上にして、
ア、イの順に谷折りします。

- - - - - 谷折り線
— • — • — 山折り線

2

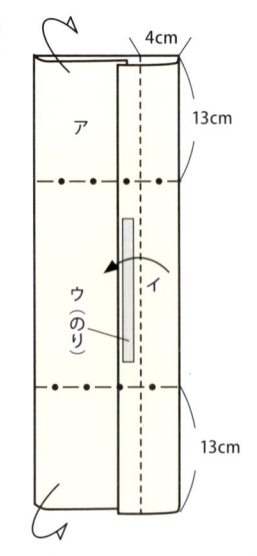

4cm
13cm
ア
ウ(のり)
イ
13cm

イを右から4cmのところで谷折りし、
アの上下を山折りします。
ア、イを元に戻します。
ウの部分に、別紙の飾り(▶p.139)を
3図のようにのりづけします。

3

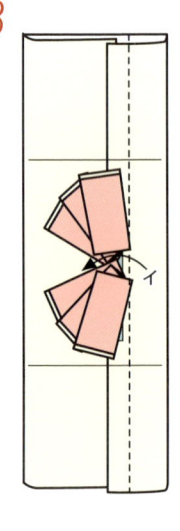

イ

貼ったところ。
イを2でつけた折り線通りに
折ります。

飾りの折り方

1

14cm / 0.5cm / 1cm
4cm / 4cm / 4.5cm
もみ友禅 8.5cm
上半分
壇紙 9cm
2cm / 2cm / 3.5cm / 4cm
2.5cm

2cm / 2cm / 3.5cm / 4cm
2.5cm
下半分
4cm / 4cm / 4.5cm
0.5cm / 1cm

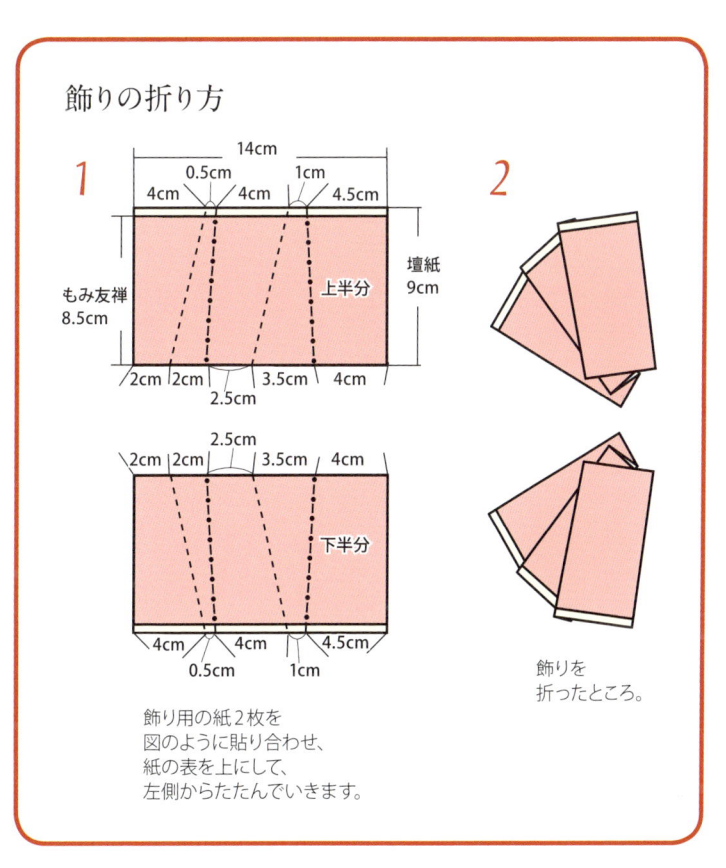

飾り用の紙2枚を図のように貼り合わせ、紙の表を上にして、左側からたたんでいきます。

2

飾りを折ったところ。

4

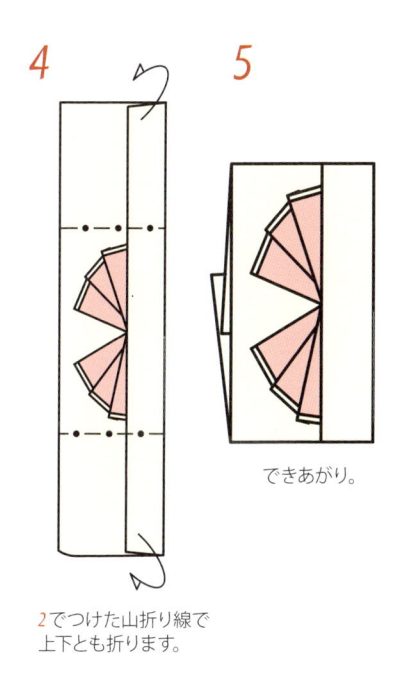

2でつけた山折り線で上下とも折ります。

5

できあがり。

❀ 水引の結び方

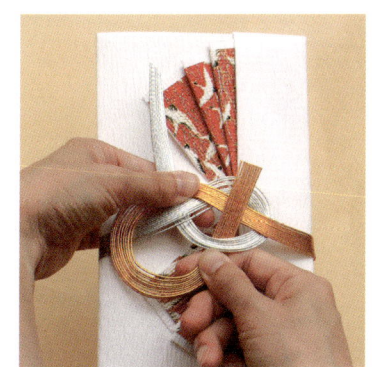

1 水引の端を揃え、金のほうを右側にして、あわじ結び（▶p.14）をします（p.99「着物のポチ袋B」2〜4参照）。

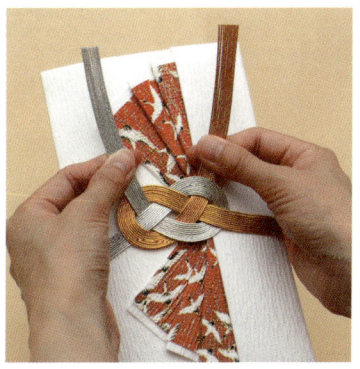

2 形を整えて、両端を切り揃えます。

3 のし（▶p.140）をつけて完成です。

フォーマルな祝儀袋Bのつくり方

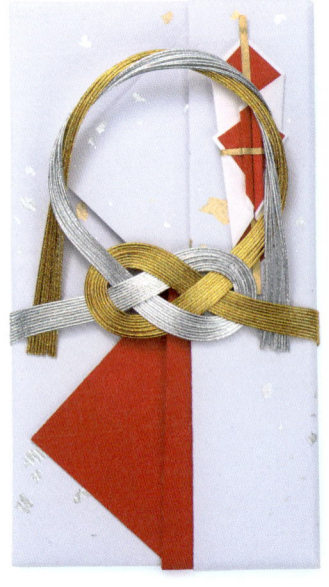

一般的にあわじ結びのような「結び切り」は、金封の外にはみ出た水引をハサミで切り落とします。しかし縁起かつぎで、あえて切り落とすことを避け、余った水引を輪飾りにしたものが「日の出結び」です。

▶**材料**：金銀水引90cm×5本中付け×2束
祝儀袋…壇紙砂子39×53cm＝1枚
水染め色柾（赤）27×27cm＝1枚
のし…白柾6×6cm＝1枚
水染め色柾（赤）5.7×5.7cm＝1枚
金ホイル0.3×10cm＝1枚
金ホイル0.1×10cm＝1枚

▶**できあがりサイズ**：11×20cm
▶**基本の結び方**：あわじ結び（▶p.14）

76

のしの折り方

1
のし用の白い紙の裏に、赤い紙を貼ります。図のように折りすじをつけて、たたみます。

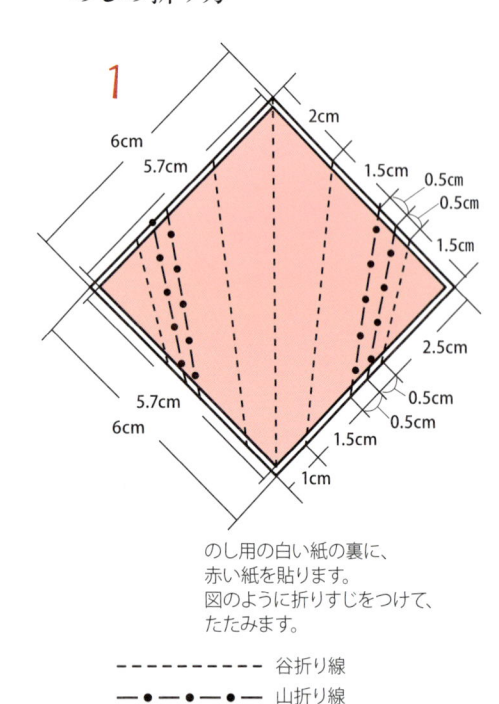

2
左側をたたんだところ。右側も同様にたたみます。

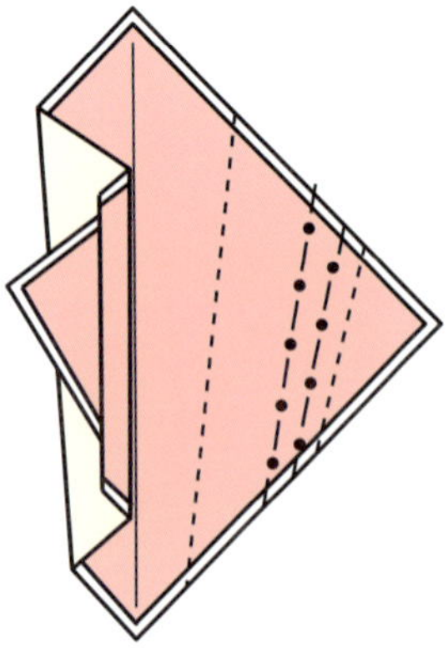

3
ア：金の紙（0.3×10cm）を貼る
イ：金の紙（0.1×10cm）を巻いて貼る

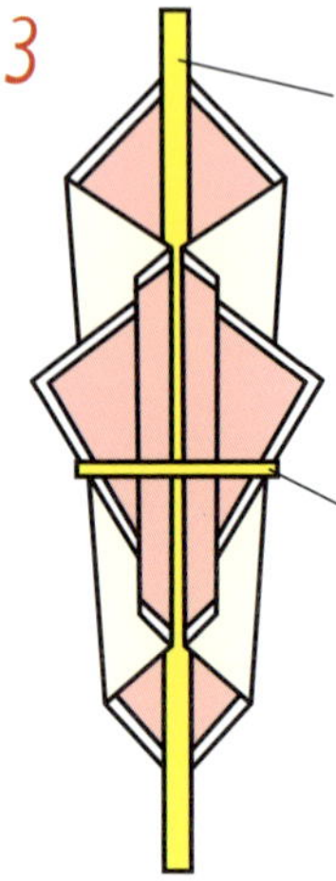

2を開いて、アを中央に貼ります。イを巻いて裏側で貼り合わせて、余りは切り落とします。

- - - - - - 谷折り線
—・—・— 山折り線

外袋の折り方

縁を1〜2mmあけて、赤い紙（27×27cm）を貼る

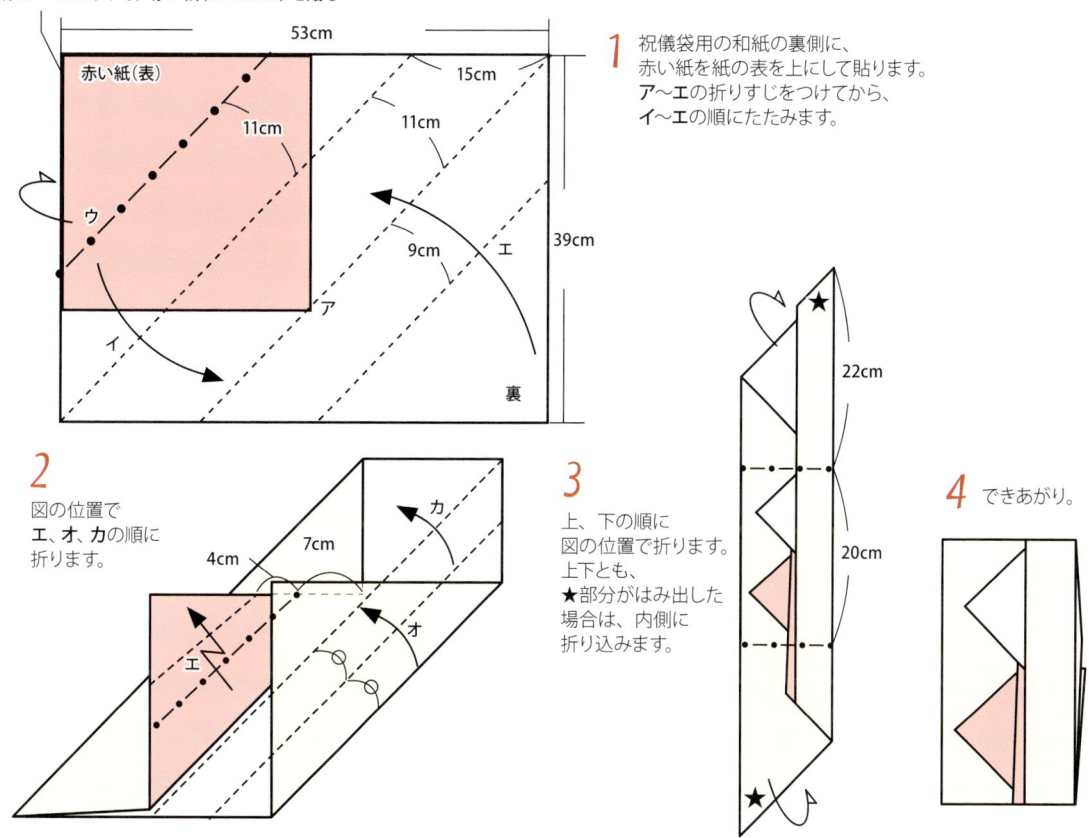

53cm / 15cm / 11cm / 11cm / 9cm / 39cm
赤い紙（表）
ア　イ　ウ　エ
裏

1 祝儀袋用の和紙の裏側に、赤い紙を紙の表を上にして貼ります。ア〜エの折りすじをつけてから、イ〜エの順にたたみます。

2 図の位置でエ、オ、カの順に折ります。
4cm / 7cm

3 上、下の順に図の位置で折ります。上下とも、★部分がはみ出した場合は、内側に折り込みます。
22cm / 20cm

4 できあがり。

水引の結び方

1 水引の端を揃え、金のほうを右側にして、あわじ結び（▶p.14）をします（p.99「着物のポチ袋B」2〜4参照）。

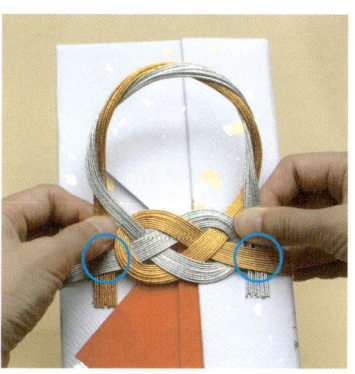

2 両端をからめて輪にし、○部分にはさみます。

3 のし（▶p.140）をつけて完成です。

現代に生きる伝統の水引細工　文：小林 一夫

　水引の起源は古く、7世紀頃、飛鳥時代にまでさかのぼります。遣唐使の小野妹子が帰朝した際、唐からの答礼使が携えてきた贈り物に、紅白の麻紐が結ばれていたと言われています。以来、宮中への献上品は紅白の紐で結ばれるようになりました。今のように、水引が和紙から作られるようになったのは室町時代で、庶民にも贈答の習慣が広まる江戸時代になると、水引の色も豊富になり、結び方も用途によって使い分けられるようになりました。

　水引は、その色にも意味があります。初めの頃は白のみであった水引も、赤は魔除けの色、白は神聖なるケガレのない色としてお祝い事に使われ、弔事には、黒（黄泉の国の色）と白（死者の魂を表す）の水引が使われるようになりました。水引の左右どちらにどの色を持ってくるかは、古代中国の思想である陰陽五行に由来しています。太陽の昇る東（左）が陽で、沈む西（右）が陰になり、陽である左に神聖な白を持ってきます。

▶蓬莱飾り
年神さまをお迎えし、新しい年の始まりに五穀豊穣や健康、長寿、親族の末永い繁栄などを祈る意味合いを持ちます。

▶掛け蓬莱・五色紙扇面
扇面の「青・赤・白・黄・緑」は、「木・火・土・金・水」より成り立つ、陰陽五行という「北極星」を中心とした古代中国思想で、魔除けの意味を持ちます。

作品提供：丁 寅次（ちょう とらじ）

水引の結びの形はさまざまですが、「結ぶ」と言えば、「人と人との縁を結ぶ」に通じ、まさに縁起物です。あわじ結びのような結び切りは、水引の両端を引っ張るとさらに固く強く結ばれることから、「末永く二人が結ばれますように」という願いが込められています。

　水引に限らず、万葉の時代から人々は紐やこより、松葉などを結んで恋の成就を願いました。水引の美しさを愛でながら、古代の人々のロマンに思いを馳せるのも一興です。

　さて、下の写真の作品は、正統派水引の技術を現代に継承する、丁寅次氏による正月飾りです。金銀の水引を使ったこれらの豪華な作品は、年神さまをお迎えし、家内安全と無病息災、家族の幸せを願って制作されたものです。みなさまも、お正月に向けて、オリジナルの正月飾りに挑戦してみてはいかがでしょうか。玄関や神棚に飾って厄をはらい、福を招きましょう。

▶ 掛け蓬莱・紅白末広
魔除けの赤と、神聖なる白を組み合わせた扇面と「金銀の水引」で慶事の色目重ねの代表的なものです。

▶ 掛け蓬莱・唐辛子紅白扇面
唐辛子が鬼をはらい、疫病を通さないと言われています。

監修者紹介

小林 一夫　*Kazuo Kobayashi*

東京都生まれ。和紙の老舗「ゆしまの小林」四代目後継者として、染色技術や折紙等の展示・講演を通して和紙文化の普及活動を国内外で行う。
1985年韓国政府より大韓民国社会教育文化賞受賞。2004年NHK朝の連続テレビ小説『天花』折り紙指導。2005年内閣府認証NPO法人国際折り紙協会理事長就任。2010年日本ホビー産業大賞受賞。
各国大使館・外務省・国土交通省他、国際イベント等で多数講演。
現在、お茶の水 おりがみ会館館長、株式会社ゆしまの小林社長、内閣府認証NPO法人国際折り紙協会理事長、全日本紙人形協会会長、高島屋・NHK・朝日各カルチャー講座の講師を務める。著書多数。

〈おりがみ会館webサイト〉 http://www.origamikaikan.co.jp/
↑ちり棒も取り扱っております

水引作家紹介

荻原 加寿美　*Kazumi Ogihara*

水引デザイナー、洒落水引代表。
固定観念に囚われない、水引素材そのものの美しさや特性を活かした普段使いの水引アクセサリー・インテリア小物等を制作する。
お取扱店・出展イベントについてはwebサイトへ。

〈洒落水引webサイト〉 http://mizuhiki.yogisoft.net/

本書掲載作品及びデザインの著作権は、各作家に帰属します。個人的に楽しむ場合を除き、本書を使用しての製作・販売・展示・レンタル・講習会など営利目的での使用は固く禁じております。

STAFF

企画・編集・本文デザイン・DTP：アトリエ・ジャム（http://www.a-jam.com/）
撮影：前川 健彦
スタイリング：奥田 佳奈（koa Hole）
撮影スタジオ：エムズハウス（http://www.nagsy.com/）／前川健彦スタジオ
水引作品提供：丁 寅次（p.142〜143）☆お茶の水 おりがみ会館にて、丁寅次の水引教室を開催しています。
折り図制作：湯浅 信江
協力：お茶の水 おりがみ会館

撮影協力：
　AWABEES　東京都渋谷区千駄ヶ谷3-50-11 明星ビルディング5F Tel：03-5786-1600
　Tokyo135°（p.54上の半幅帯、帯締め）東京都渋谷区神宮前3-26-2 NS-Tビル1F Tel：03-3479-2767

はじめての水引細工

監　修　小林一夫（こばやしかずお）
作　品　荻原加寿美（おぎはらかずみ）
発行者　深見公子
発行所　成美堂出版
　　　　〒162-8445　東京都新宿区新小川町1-7
　　　　電話(03)5206-8151　FAX(03)5206-8159
印　刷　大日本印刷株式会社

©SEIBIDO SHUPPAN　2014　PRINTED IN JAPAN
ISBN978-4-415-31807-3
落丁・乱丁などの不良本はお取り替えします
定価はカバーに表示してあります

・本書および本書の付属物を無断で複写、複製（コピー）、引用することは著作権法上での例外を除き禁じられています。また代行業者等の第三者に依頼してスキャンやデジタル化することは、たとえ個人や家庭内の利用であっても一切認められておりません。